COLLECTION GUILLAUME

CAMILLE FLAMMARION

Uranie

Illustrations

DE BAYARD, BIELER, FALERO, GAMBARD
MYRBACH ET RIOU

PARIS
LIBRAIRIE MARPON ET FLAMMARION
E. FLAMMARION, SUCCESSEUR
26, RUE RACINE, 26
1891

Tous droits réservés.

PREMIÈRE PARTIE

―――

La Muse du Ciel

Uranie

IL A ÉTÉ TIRÉ DE CET OUVRAGE

25 exemplaires sur papier du Japon et 10 exemplaires sur Chine.

Tous ces exemplaires sont numérotés et parafés par l'éditeur.

OUVRAGES PARUS

dans la

Collection Guillaume

Format in-18 iésus, à 3 fr. 50 le volume.

A. DAUDET..	TARTARIN SUR LES ALPES (188ᵉ mille) . .	1 vol.
—	SAPHO (166ᵉ mille).	1 vol.
—	TARTARIN DE TARASCON (110ᵉ mille) . . .	1 vol.
—	TRENTE ANS DE PARIS (44ᵉ mille)	1 vol.
—	SOUVENIRS D'UN HOMME DE LETTRES (28ᵉ m.).	1 vol.
—	LES FEMMES D'ARTISTES (30ᵉ mille). . .	1 vol.
—	JACK (71ᵉ mille).	1 vol.
—	L'IMMORTEL (94ᵉ mille).	1 vol.
—	LES ROIS EN EXIL (22ᵉ mille)	1 vol.
—	PORT-TARASCON (55ᵉ mille).	1 vol.
—	ROBERT HELMONT (17ᵉ mille)	1 vol.
P. BOURGET.	MENSONGES (50ᵉ mille)	1 vol.
V. HUGO . .	NOTRE-DAME DE PARIS (14ᵉ mille). . .	2 vol.
ED. ET JULES DE GONCOURT	SŒUR PHILOMÈNE (22ᵉ mille)	1 vol.
É. ZOLA. . .	LA FAUTE DE L'ABBÉ MOURET (70ᵉ mille).	1 vol.
C. FLAMMARION	URANIE (22ᵉ mille).	1 vol.

Collection de luxe

Format in-8° tellière, à 50 fr. le volume.

Tirage à la presse à MILLE EXEMPLAIRES NUMÉROTÉS

PIERRE LOTI	MADAME CHRYSANTHÈME	1 vol.
VICTOR HUGO	NOTRE-DAME DE PARIS	1 vol.

I

J'avais dix-sept ans. Elle s'appelait Uranie.
Uranie était-elle une blonde jeune fille aux yeux bleus, un rêve de printemps, une innocente, mais curieuse fille d'Ève? Non, elle était simplement, comme autrefois, l'une des neuf Muses, celle qui présidait à l'Astronomie et dont le regard céleste animait et dirigeait le chœur des sphères; elle

était l'idée angélique qui plane au-dessus des lourdeurs terrestres; elle n'avait ni la chair troublante, ni le cœur dont les palpitations se communiquent à distance, ni la tiède chaleur de la vie humaine; mais elle existait pourtant, dans une sorte de monde idéal, supérieur et toujours pur, et toutefois elle était assez humaine par son nom, par sa forme, pour produire sur une âme d'adolescent une impression vive et profonde, pour faire naître dans cette âme un sentiment indéfini, indéfinissable, d'admiration et presque d'amour.

Le jeune homme dont la main n'a pas encore touché au fruit divin de l'arbre du Paradis, celui dont les lèvres sont restées ignorantes, dont le cœur n'a point encore parlé, dont les sens s'éveillent au milieu du vague des aspirations nouvelles, celui-là pressent, dans les heures de solitude et même à travers les travaux intellectuels dont l'éducation contemporaine surcharge son cerveau, celui-là pressent le culte auquel il devra bientôt sacrifier, et personnifie d'avance sous des formes variées l'être charmant qui flotte dans l'atmosphère de ses rêves. Il veut, il désire atteindre cet être inconnu, mais ne l'ose pas encore, et peut-être ne l'oserait-il jamais, dans la candeur de son admiration, si quelque avance secourable ne lui venait en aide. Si Chloé n'est point instruite, il faut que l'indiscrète et curieuse Lycénion se charge d'instruire Daphnis.

Tout ce qui nous parle de l'attraction encore inconnue peut nous charmer, nous frapper, nous séduire. Une froide gravure, montrant l'ovale d'un pur visage, une peinture, même antique, une sculpture — une sculpture surtout — éveille un mouvement nouveau dans nos cœurs, le sang se précipite ou s'arrête, l'idée traverse comme un éclair notre front rougissant et demeure flottante dans notre esprit rêveur. C'est le commencement des désirs, c'est le prélude de la vie, c'est l'aurore d'une belle journée d'été annonçant le lever du soleil. Pour moi, mon premier amour, mon adolescente passion, avait, non pour objet assurément, mais pour cause déterminante,...

une Pendule!... C'est assez bizarre, mais c'est ainsi. Des calculs fort insipides me prenaient tous mes après-midi, de deux heures à quatre heures : il s'agissait de corriger les observations d'étoiles ou de planètes faites la nuit précédente, en leur appliquant les réductions provenant de la réfraction atmosphérique, laquelle dépend elle-même de la hauteur du baromètre et de la température. Ces calculs sont aussi simples qu'ennuyeux; on les fait machinalement, à l'aide de tables préparées, et en pensant à tout autre chose.

L'illustre Le Verrier était alors directeur de l'Observatoire de Paris. Point artiste du tout, il possédait pourtant dans son cabinet de travail une pendule en bronze doré, d'un fort beau caractère, datant de la fin du premier Empire et due au ciseau de Pradier. Le socle de cette pendule représentait, en bas-relief, la naissance de l'Astronomie dans les plaines de l'Égypte. Une sphère céleste massive, ceinte du cercle zodiacal, soutenue par des sphinx, dominait le cadran. Des dieux égyptiens ornaient les côtés. Mais la beauté de cette œuvre artistique consistait surtout en une ravissante petite statue d'Uranie, noble, élégante, je dirais presque majestueuse.

La Muse céleste se tenait debout. De la main droite elle mesurait, à l'aide d'un compas, les degrés de la sphère étoilée ; sa main gauche, tombant, portait une petite lunette astronomique. Superbement drapée, elle planait dans l'attitude de la noblesse et de la grandeur. Je n'avais point encore vu de visage plus beau que le sien. Éclairé de face, ce pur visage se montrait grave et austère. Si la lumière arrivait obliquement, il devenait plutôt méditatif. Mais si la lumière venait d'en haut et de côté, ce visage enchanté s'illuminait d'un mystérieux sourire, son regard devenait presque caressant, et cette exquise sérénité se transformait subitement en une expression de joie, d'aménité et de bonheur que l'on avait plaisir à contempler. C'était comme un chant intérieur, comme une poétique mélodie. Ces changements d'expression faisaient vraiment vivre la statue. Muse ou déesse, elle était belle, elle était charmante, elle était admirable.

Chaque fois que j'étais appelé auprès de l'éminent mathématicien, ce n'était point sa gloire universelle qui m'impressionnait le plus. J'oubliais les formules de logarithmes et même l'immortelle découverte de la planète Neptune pour subir le charme de l'œuvre de Pradier. Ce beau corps, si admirablement modelé sous son antique draperie, cette gracieuse attache du cou, cette figure expressive, attiraient mes regards et captivaient ma pensée. Bien souvent, lorsque vers quatre heures nous quittions le bureau pour rentrer dans Paris, j'épiais par la porte entr'ouverte l'absence du directeur. Le lundi et le mercredi étaient les meilleurs jours, le premier à cause des séances de l'Institut, auxquelles il ne manquait guère, quoiqu'il y pénétrât toujours avec un air de dédaigneuse hauteur, le second à cause de celles du Bureau des longitudes, qu'il fuyait avec le plus profond dédain et qui lui faisaient quitter l'Observatoire tout exprès pour mieux marquer son mépris. Alors je me plaçais bien en face de ma chère Uranie, je la regardais à mon aise, je m'extasiais de la beauté de ses formes, et je partais plus satisfait, non plus heureux peut-être. Elle me charmait, mais elle me laissait des regrets.

Un soir — le soir où je découvris ses changements de physionomie suivant l'éclairage — j'avais trouvé le cabinet grand ouvert, une lampe posée sur la cheminée et illuminant la Muse sous l'un de ses aspects les plus séduisants. La lumière oblique caressait doucement le front, les joues, les lèvres et la gorge. L'expression était merveilleuse. Je m'approchai et je la contemplai, d'abord immobile. Puis l'idée me vint de déplacer la lampe et de faire jouer la lumière sur les épaules, le bras, le cou, la chevelure. La statue semblait vivre, penser, se réveiller et sourire encore. Sensation bizarre, sentiment étrange, j'en étais véritablement épris; d'admirateur j'étais devenu amoureux. On m'eût fort surpris alors si l'on m'eût affirmé que ce n'était point là le véritable amour et que ce platonisme n'était qu'un rêve enfantin. Le Directeur arriva, ne

parut pas aussi étonné de ma présence que j'aurais pu le craindre (on passait quelquefois par ce cabinet pour se rendre aux salles d'observation). Mais, au moment où je posais la lampe sur la cheminée : « Vous êtes en retard pour Jupiter », me dit-il. Et comme je franchissais le seuil : « Est-ce que vous seriez poète? » ajouta-t-il d'un air de profond dédain, en appuyant longuement sur la dernière syllabe, comme s'il eût dit *poâte*.

J'aurais pu lui répliquer par les exemples de Kepler, de Galilée, de d'Alembert, des deux Herschel, et d'autres illustres savants, qui furent poètes en même temps qu'astronomes; j'aurais pu lui rappeler le souvenir du premier Directeur de l'Observatoire même, Jean-Dominique Cassini, qui chanta Uranie en vers latins, italiens et français; mais les élèves de l'Observatoire n'avaient pas l'habitude de répliquer quoi que ce fût au sénateur-directeur. Les sénateurs étaient alors des personnages, et le Directeur de l'Observatoire était alors inamovible. Et puis, assurément, notre grand géomètre aurait regardé le plus merveilleux poème, du Dante, de l'Arioste, ou d'Hugo, du même air de profond dédain dont un beau chien de Terre-Neuve regarde un verre de vin qu'on approche de sa bouche. D'ailleurs, j'étais incontestablement dans mon tort.

Cette charmante figure d'Uranie, comme

elle me poursuivait, avec toutes ses délicieuses expressions de physionomie ! Son sourire était si gracieux ! Et puis, ses yeux de bronze avaient parfois un véritable regard. Il ne lui manquait que la parole. Or, la nuit suivante, à peine endormi, je la revis devant moi, la sublime déesse, et cette fois elle me parla.

Oh ! elle était bien vivante. Et quelle jolie bouche ! j'aurais baisé chaque parole....
« Viens, me dit-elle, viens dans le ciel, là-haut, loin de la Terre ; tu domineras ce bas monde, tu contempleras l'immense univers dans sa grandeur. Tiens, regarde ! »

II

Alors je vis la Terre qui tombait dans les profondeurs béantes de l'immensité; les coupoles de l'Observatoire, Paris illuminé, descendaient vite; tout en me sentant immobile, j'eus une impression analogue à celle qu'on éprouve en ballon lorsque en s'élevant dans les airs on voit la Terre descendre. Je montai, je montai longtemps, emporté dans un magique essor vers le zénith inaccessible. Uranie était près de moi, un peu plus élevée, me regardant avec douceur et me montrant les royaumes d'en bas. Le jour était revenu. Je reconnus la France, le Rhin, l'Allemagne, l'Autriche, l'Italie, la Méditerranée, l'Espagne, l'océan Atlantique, la Manche, l'Angleterre. Mais toute cette lilliputienne géographie se rapetissait très vite. Bientôt le globe terrestre fut réduit aux dimensions apparentes de la lune en son dernier quartier, puis d'une petite pleine lune.

« Voilà! me dit-elle, ce fameux globe terrestre sur lequel s'agitent tant de passions, et qui enferme dans son cercle étroit la pensée de tant de millions d'êtres dont la vue ne s'étend pas au delà. Regarde comme toute son apparente grandeur diminue à mesure que notre horizon se développe. Nous ne distinguons déjà plus l'Europe de l'Asie. Voici le Canada et l'Amérique du Nord. Que tout cela est minuscule! »

En passant dans le voisinage de la Lune, j'avais remarqué les paysages montagneux de notre satellite, les cimes rayonnantes de lumière, les profondes vallées remplies d'ombre, et j'aurais voulu m'y arrêter pour étudier de plus près ce séjour voisin; mais, dédaignant d'y jeter même un simple regard, Uranie m'entraînait d'un vol rapide vers les régions sidérales.

Nous montions toujours. La Terre, diminuant de plus en plus à mesure que nous nous en éloignions, arriva à être réduite à l'aspect d'une simple étoile, brillant par l'illumination solaire au sein de l'immensité vide et noire. Nous avions tourné vers le Soleil, qui resplendissait dans l'espace sans

l'éclairer, et nous voyions, en même temps que lui, les étoiles et les planètes, que sa lumière n'effaçait plus parce qu'elle n'éclairait pas l'éther invisible. L'angélique déesse me montra Mercure, dans le voisinage du Soleil, Vénus, qui brillait du côté opposé, la Terre, égale à Vénus comme aspect et comme éclat, Mars, dont je reconnus les méditerranées et les canaux, Jupiter avec ses quatre lunes énormes, Saturne, Uranus,...
« Tous ces mondes, me dit-elle, sont soutenus dans le vide par l'attraction du Soleil, autour duquel ils circulent avec vitesse. C'est un chœur harmonieux gravitant autour du centre. La Terre n'est qu'une île flottante, un hameau de cette grande patrie solaire, et cet empire solaire n'est lui-même qu'une province au sein de l'immensité sidérale. »

Nous montions toujours. Le Soleil et son système s'éloignaient rapidement; la Terre n'était plus qu'un point. Jupiter lui-même, ce monde si colossal, se montra amoindri, comme Mars et Vénus, à un petit point minuscule à peine supérieur à celui de la Terre.

Nous passâmes en vue de Saturne, ceint de ses anneaux gigantesques, et dont le témoignage seul suffirait pour prouver l'immense et inimaginable variété qui règne dans l'univers, Saturne, véritable système à lui seul, avec ses anneaux formés de cor-

puscules emportés dans une rotation vertigineuse, et avec ses huit satellites l'accompagnant comme un céleste cortège!

A mesure que nous montions, notre soleil diminuait de grandeur. Bientôt il descendit au rang d'étoile, puis perdit toute majesté, toute supériorité sur la population sidérale, et ne fut plus qu'une étoile à peine plus brillante que les autres. Je contemplais toute cette immensité étoilée au sein de laquelle nous nous élevions toujours, et je cherchais à reconnaître les constellations ; mais elles commençaient à changer sensiblement de formes, à cause de la différence de perspective causée par mon voyage : la Voie lactée s'était écroulée sous notre vol comme une cataracte de soleils en fusion tombant au fond de l'infini, les étoiles dont nous approchions ruisselaient de flamboiements fantastiques, lançant comme des fleuves de lumières, des irradiations d'or et d'argent, et nous aveuglant de fulgurantes clartés. Je crus voir notre soleil, devenu insensiblement une toute petite étoile, se réunir à la constellation du Centaure, tandis qu'une nouvelle lumière, pâle, bleuâtre, assez étrange, m'arrivait de la région vers laquelle Uranie m'emportait. Cette clarté n'avait rien de terrestre et ne me rappelait aucun des effets que j'avais admirés dans les paysages de la Terre, ni parmi les tons si changeants des crépuscules après l'orage, ni dans les brumes indécises du matin, ni pendant les heures calmes et silencieuses du clair de lune sur le miroir de la mer. Ce dernier effet est peut-être celui dont cet aspect se rapprochait le plus, mais cette étrange lumière était, — et elle devenait de plus en plus — vraiment bleue, bleue non d'un reflet d'azur céleste ou d'un contraste analogue à celui que produit la lumière électrique comparée à celle du gaz, mais bleue comme si le Soleil lui-même eût été bleu !

Quelle ne fut pas ma stupéfaction lorsque je m'aperçus que nous nous approchions, en effet, d'un soleil absolument bleu, comme un disque brillant qui eût été découpé dans nos plus beaux cieux terrestres, et se détachant lumineusement sur un fond entièrement noir, tout constellé d'étoiles! Ce soleil saphir était le centre d'un système de planètes éclairées par sa lumière. Nous allions passer tout près de l'une de ces planètes. Le soleil bleu s'agrandissait à vue d'œil; mais, nouveauté aussi singulière que la première, la lumière dont il éclairait cette planète se compliquait d'un certain côté d'une coloration verte. Je regardai de nouveau dans le ciel et j'aperçus un second soleil, celui-ci d'un beau vert émeraude ! Je n'en croyais pas mes yeux.

« Nous traversons, me dit Uranie, le système solaire de Gamma d'Andromède, dont tu ne vois encore qu'une partie, car il se compose en réalité, non de ces deux soleils, mais de trois, un bleu, un vert et un jaune-orange. Le soleil bleu, qui est le plus petit, tourne autour du soleil vert, et celui-ci gravite avec son compagnon autour du grand soleil orangé que tu vas apercevoir dans un instant. »

Aussitôt, en effet, je vis paraître un troisième soleil, coloré de cet ardent rayonnement dont le contraste avec ses deux compagnons produisait la plus bizarre des illuminations. Je connaissais bien ce curieux système sidéral, pour l'avoir plus d'une fois observé au télescope; mais je ne me doutais point de sa splendeur réelle. Quelles fournaises, quels éblouissements ! Quelle vivacité de couleurs dans cette étrange source de lumière bleue, dans cette illumination verte du second soleil, et dans ce rayonnement d'or fauve du troisième !

Mais nous nous étions approchés, comme je l'ai dit, de l'un des mondes appartenant

au système du soleil saphir. Tout était bleu, paysages, eaux, plantes, rochers, légèrement verdis du côté éclairé par le second soleil, et à peine touchés des rayons du soleil qui se levait à l'horizon lointain. A mesure que nous pénétrions dans l'atmosphère de ce monde, une musique suave et délicieuse s'élevait dans les airs, comme un parfum, comme un rêve. Je n'avais jamais rien entendu de pareil. La douce mélodie, profonde, lointaine, semblait venir d'un chœur de harpes et de violons soutenu par un accompagnement d'orgues. C'était un chant exquis, qui charmait dès le premier instant, qui n'avait pas besoin d'être analysé pour être compris, et qui remplissait l'âme de volupté. Il me semblait que je serais resté une éternité à l'écouter : je n'osais adresser la parole à mon guide, tant je craignais d'en perdre une note. Uranie s'en aperçut. Elle étendit la main vers un lac et me désigna du doigt un groupe d'êtres ailés qui planaient au-dessus des eaux bleues.

Ils n'avaient point la forme humaine terrestre. C'étaient des êtres évidemment organisés pour vivre dans l'air. Ils semblaient tissés de lumière. De loin, je les pris d'abord pour des libellules : ils en avaient la forme svelte et élégante, les vastes ailes, la vivacité, la légèreté. Mais, en les examinant de plus près, je m'aperçus de leur taille, qui n'était pas inférieure à la nôtre, et je reconnus à l'expression de leurs regards que ce n'étaient point des animaux. Leurs têtes ressemblaient également à celles des libellules, et, comme ces êtres aériens, ils n'avaient pas de jambes. La musique si déli-

cieuse que j'entendais n'était autre que le bruit de leur vol. Ils étaient très nombreux, plusieurs milliers peut-être.

On voyait, sur les sommets des montagnes des plantes qui n'étaient ni des arbres ni des fleurs, qui élevaient de frêles tiges à d'énormes hauteurs, et ces tiges ramifiées portaient, comme en tendant les bras, de larges coupes en forme de tulipes. Ces plantes étaient animées; du moins, comme nos sensitives et plus encore, et comme la desmodic aux feuilles mobiles, elles manifestaient par des mouvements leurs impressions intérieures. Ces bosquets formaient de véritables cités végétales. Les habitants de ce monde n'avaient pas d'autres demeures que ces bosquets, et c'est au sein de ces sensitives parfumées qu'ils se reposaient lorsqu'ils ne flottaient pas dans les airs.

« Ce monde te paraît fantastique, fit Uranie, et tu te demandes quelles idées peuvent avoir ces êtres, quelles mœurs, quelle histoire, quelles espèces d'arts, de littérature et de sciences. Il serait long de répondre à toutes les questions que tu pourrais faire. Sache seulement, que leurs yeux sont supérieurs à vos meilleurs télescopes, que leur système nerveux vibre au passage d'une comète et découvre électriquement des faits que vous ne connaîtrez jamais sur la Terre. Les organes que tu vois au-dessous des ailes leur servent de mains, plus habiles que les vôtres. Pour imprimerie, ils ont la photographie directe des événements et la fixation phonétique des paroles mêmes. Ils ne s'occupent, du reste, que de recherches scientifiques, c'est-

à-dire de l'étude de la nature. Les trois passions qui absorbent la plus grande partie de la vie terrestre, l'âpre désir de la fortune, l'ambition politique et l'amour, leur sont inconnues, parce qu'ils n'ont besoin de rien pour vivre, parce qu'il n'y a pas de divisions internationales ni d'autre gouvernement qu'un conseil d'administration, et parce qu'ils sont androgynes.

— Androgynes! répliquai-je. Et j'osai ajouter : Est-ce mieux?

— C'est *autre*. Ce sont de grands troubles de moins dans une humanité.

« Il faut, continua-t-elle, se dégager entièrement des sensations et des idées terrestres pour être en situation de comprendre la diversité infinie manifestée par les différentes formes de la création. De même que sur votre planète les espèces ont changé d'âge en âge, depuis les êtres si bizarres des premières époques géologiques jusqu'à l'apparition de l'humanité, de même que maintenant encore la population animale et végétale de la Terre est composée des formes les plus diverses, depuis l'homme jusqu'au corail, depuis l'oiseau jusqu'au poisson, depuis l'éléphant jusqu'au papillon; de même, et sur une étendue incomparablement plus vaste, parmi les innombrables terres du ciel, les forces de la nature ont donné naissance à une diversité infinie d'êtres et de choses. La forme des êtres est, en chaque monde, le résultat des éléments spéciaux à chaque globe, substance, cha-

leur, lumière, électricité, densité, pesanteur.

« Les formes, les organes, le nombre des sens — vous n'en avez que cinq, et ils sont assez pauvres — dépendent des conditions vitales de chaque sphère. La vie est terrestre sur la Terre, martienne sur Mars, saturnienne sur Saturne, neptunienne sur Neptune, c'est-à-dire appropriée à chaque séjour, ou pour mieux dire, plus rigoureusement encore, produite et développée par chaque monde selon son état organique et suivant une loi primordiale à laquelle obéit la nature entière : la loi du Progrès. »

Pendant qu'elle me parlait, j'avais suivi du regard le vol des êtres aériens vers la cité fleurie et j'avais vu avec stupéfaction les plantes se mouvoir, s'élever ou s'abaisser pour les recevoir : le soleil vert était descendu au-dessous de l'horizon et le soleil orange s'était élevé dans le ciel ; le paysage était décoré d'une coloration féerique sur laquelle planait une lune énorme, mi-partie orangée et mi-partie verte. Alors l'immense mélodie qui remplissait l'atmosphère s'arrêta, et au milieu d'un profond silence j'entendis un chant, s'élevant d'une voix si pure que nulle voix humaine ne pourrait lui être comparée.

« Quel merveilleux système, m'écriai-je, qu'un tel monde illuminé par de tels flambeaux! Ce sont donc là les étoiles doubles, triples, multiples, vues de près?

— Splendides soleils que ces étoiles! répondit la déesse. Gracieusement associées dans les liens d'une attraction mutuelle, vous les voyez de la Terre, bercées deux à deux au sein des cieux, toujours belles, toujours lumineuses, toujours pures.

« Suspendues dans l'infini, elles s'appuient l'une sur l'autre sans jamais se toucher, comme si leur union, plus morale que matérielle, était régie par un principe invisible et supérieur, et suivant des courbes harmonieuses, elles gravitent en cadence l'une autour de l'autre, couples célestes éclos au printemps de la création dans les campagnes constellées de l'immensité.

« Tandis que les soleils simples comme le vôtre brillent solitaires, fixes, tranquilles, dans les déserts de l'espace, les soleils doubles et multiples semblent animer par leurs mouvements, leur coloration et leur vie, les régions silencieuses du vide éternel. Ces horloges sidérales marquent pour vous les siècles et les ères des autres univers.

« Mais, ajouta-t-elle, continuons notre voyage. Nous ne sommes qu'à quelques trillions de lieues de la Terre.

— Quelques *trillions*?

— Oui. Si nous pouvions entendre d'ici les bruits de votre planète, ses volcans, ses canonnades, ses tonnerres, ou les vociférations des grandes foules les jours de révolution, ou les chants pieux des églises qui s'élèvent vers le ciel, la distance est telle, qu'en admettant que ces bruits puissent la franchir avec la vitesse du son dans l'air, ils n'emploieraient pas moins de quinze millions d'années pour arriver jusqu'ici. Nous entendrions aujourd'hui seulement ce qui se passait sur la Terre il y a quinze millions d'années.

« Cependant nous sommes encore, relativement à l'immensité de l'univers, très voisins de ta patrie.

« Tu reconnais toujours votre soleil, là-bas, toute petite étoile. Nous ne sommes pas sortis de l'univers auquel il appartient avec son système de planètes.

« Cet univers se compose de plusieurs

milliards de soleils, séparés les uns des autres par des trillions de lieues.

« Son étendue est si considérable, qu'un éclair, à la vitesse de trois cent mille kilomètres par seconde, emploierait quinze mille ans à la traverser.

« Et partout, partout des soleils, de quelque côté que nous dirigions nos regards; partout des sources de lumière, de chaleur et de vie, sources d'une variété inépuisable, soleils de tout éclat, de toutes grandeurs, de tout âge, soutenus dans le vide éternel, dans l'éther luminifère, par l'attraction mutuelle de tous et par le mouvement de chacun.

« Chaque étoile, soleil énorme, tourne sur elle-même comme une sphère de feu et vogue vers un but.

« Votre soleil marche et vous emporte vers la constellation d'Hercule, celui dont nous venons de traverser le système marche vers le sud des Pléiades, Sirius se précipite vers la Colombe, Pollux s'élance vers la Voie lactée, tous ces millions, tous ces milliards de soleils courent à travers l'immensité avec des vitesses qui atteignent deux, trois et quatre cent mille mètres par seconde!

« C'est le Mouvement qui soutient l'équilibre de l'univers, qui en constitue l'organisation, l'énergie et la vie. »

III

Depuis longtemps déjà le système tricolore avait fui sous notre essor. Nous passâmes dans le voisinage d'un grand nombre de mondes bien différents de la patrie terrestre. Les uns me parurent entièrement couverts d'eau et peuplés d'êtres aquatiques, les autres uniquement peuplés de plantes. Quelques-uns sont absolument dépourvus d'eau: ce sont ceux qui appartiennent à des systèmes qui, tels que l'étoile Alpha d'Hercule, ne possèdent pas d'hydrogène. D'autres paraissent en feu. Nous nous arrêtâmes près de plusieurs. Quelle inimaginable variété !

Sur l'un d'entre eux, les rochers, les plantes, les paysages renvoient pendant la nuit la lumière qu'ils ont reçue pendant le jour et qu'ils ont emmagasinée. Peut-être le phosphore entre-t-il pour une part importante dans la composition chimique de ces corps. C'est là un monde fort bizarre, où la nuit est inconnue, quoiqu'il soit dépourvu de satellites. Il paraît que ses habitants y jouissent d'une propriété organique fort précieuse : ils sont constitués de telle sorte qu'ils perçoivent toutes les fonctions de l'entretien vital de l'organisme. De chaque molécule du corps, pour ainsi dire, part un nerf qui transmet au cerveau les impressions variées qu'elle reçoit, de sorte que l'homme se voit intérieurement et connaît dès leur principe toutes les causes des maladies, les moindres souffrances y sont arrêtées dès leur germe.

Sur un autre globe que nous traversâmes aussi pendant la nuit, c'est-à-dire du côté de son hémisphère nocturne, les yeux humains sont organisés de telle sorte qu'ils sont *lumineux*, qu'ils éclairent, comme si quelque émanation phosphorescente irradiait de leur étrange foyer. Une réunion nocturne composée d'un grand nombre de personnes offre un aspect véritablement fantastique, parce que la clarté comme la couleur des yeux changent suivant les passions diverses qui les animent. De plus, la puissance de ces regards est telle qu'ils exercent une influence électrique et magnétique d'une intensité variable, et qu'en certains cas ils peuvent foudroyer, faire tomber morte la victime sur laquelle se fixe toute l'énergie de leur volonté.

Un peu plus loin, mon guide céleste me signala un monde où les organismes jouissent d'une faculté précieuse, c'est que l'âme peut changer de corps sans passer par la circonstance de la mort, souvent désagréable, et toujours triste. Un savant qui a travaillé toute sa vie pour l'instruction de l'humanité et voit arriver la fin de ses jours sans avoir pu terminer ses nobles entreprises.

peut changer de corps avec un jeune adolescent et recommencer une nouvelle vie, plus utile encore que la première. Il suffit, pour cette transmigration, du consentement de l'adolescent et de l'opération magnétique d'un médecin compétent. On voit aussi parfois deux êtres, unis par les liens si doux et si forts de l'amour, opérer un pareil échange de corps après plusieurs années d'union : l'âme de l'époux vient habiter le corps de l'épouse, et réciproquement, pour le reste de leur existence. L'expérience intime de la vie devient incomparablement plus complète pour chacun d'eux. On voit aussi des savants, des historiens, désireux de vivre deux siècles au lieu d'un, se plonger dans des sommeils factices d'hibernation artificielle qui suspend leur vie la moitié de chaque année et même davantage. Quelques-uns même parviennent à vivre trois fois plus longtemps que la vie normale des centenaires.

Quelques instants après, traversant un autre système, nous rencontrâmes un genre d'organisations tout autre encore et assurément supérieur au nôtre. Chez les habitants de la planète que nous avions alors sous les yeux, monde éclairé par un brillant soleil hydrogéné, la pensée n'est pas obligée de passer par la parole pour se manifester. Combien de fois ne nous est-il pas arrivé, lorsqu'une idée lumineuse ou ingénieuse vient d'occuper notre cerveau, de vouloir l'exprimer ou l'écrire, et, pendant le temps que nous commençons à parler ou à écrire, de sentir déjà l'idée dissipée, envolée, obscurcie ou métamorphosée? Les habitants de cette planète ont un sixième sens, que l'on pourrait appeler autotélégraphique, en vertu duquel, quand l'auteur ne s'y oppose pas, la pensée se communique au dehors et peut se lire sur un organe qui occupe à peu près la place de votre front. Ces conversations silencieuses sont souvent les plus profondes et les plus précises; elles sont toujours les plus sincères.

Nous sommes naïvement disposés à croire que l'organisation humaine ne laisse rien à désirer sur la Terre. Pourtant, n'avons-nous jamais regretté d'être obligé d'entendre malgré nous des paroles désagréables, un discours absurde, un sermon gonflé de vide, de la mauvaise musique, des médisances ou des calomnies? Nos grammaires ont beau prétendre que nous pouvons « fermer l'oreille » à ces discours, il n'en est malheureusement rien. Vous ne pouvez pas fermer vos oreilles comme vos yeux. Il y a là une lacune. J'ai été fort surpris de remarquer une planète où la nature n'a pas oublié ce détail. Comme nous nous y arrêtions un instant, Uranie me signala ces oreilles qui se fermaient ainsi que des paupières, et interceptaient radicalement la transmission du son. « Il y a là, me dit-elle, bien moins de sourdes colères que chez vous, mais les divisions entre les partis politiques y sont beaucoup plus accusées, les adversaires ne voulant rien entendre, et y réussissant effectivement, malgré les avocats les plus loquaces et les tribuns les mieux pulmonés. »

Sur un autre monde, dont l'atmosphère est constamment électrisée, dont la température est fort élevée, et où les habitants n'ont guère eu aucune raison suffisante d'inventer des vêtements, certaines passions se tradui-

sent par l'illumination d'une partie du corps.
C'est en grand ce qui se passe en petit dans
nos prairies terrestres, où l'on voit, pendant
les douces soirées d'été, les vers luisants se
consumer silencieusement dans une flamme
amoureuse. L'aspect des couples lumineux
est curieux à observer le soir dans les
grandes villes. La couleur de la phosphores-
cence diffère suivant les sexes, et l'intensité
varie suivant les âges et les tempéraments.
Le sexe fort brûle d'une flamme rouge plus
ou moins ardente, et le sexe gracieux d'une
flamme bleuâtre, parfois pâle et discrète.
Nos lampyres seuls seraient aptes à se
former une idée, très rudimentaire, de la
nature des impressions ressenties par ces
êtres spéciaux. Je n'en croyais pas mes
yeux lorsque nous traversions l'atmosphère
de cette planète. Mais je fus encore plus
surpris en arrivant sur le satellite de ce
singulier monde.

C'était une lune solitaire, éclairée par une
sorte de soleil crépusculaire. Une vallée
sombre s'offrit à nos regards. Aux arbres
disséminés sur les deux flancs de la vallée

pendaient des êtres humains enveloppés de suaires. Ils s'étaient attachés eux-mêmes aux branches par leur chevelure et dormaient là dans le plus profond silence. Ce que j'avais pris pour des suaires, c'était un tissu formé par l'allongement de leurs cheveux embroussaillés et blanchis. Comme je m'étonnais d'une pareille situation, Uranie m'apprit que c'est là leur mode habituel d'ensevelissement et de résurrection. Oui, sur ce monde, les êtres humains jouissent de la faculté organique des insectes qui ont le don de s'endormir à l'état de chrysalide pour se métamorphoser en papillons ailés. Il y a là comme une double race humaine, et les stagiaires de la première phase, les êtres les plus grossiers et les plus matériels, n'y aspirent qu'à mourir, pour ressusciter dans la plus splendide des métamorphoses. Chaque année de ce monde représente environ deux cents ans terrestres. On y vit deux tiers d'année à l'état inférieur, un tiers (l'hiver) à l'état de chrysalide, et au printemps suivant les pendus sentent insensiblement la vie revenir dans leur chair transformée : ils s'agitent, se réveillent, laissent leur toison à l'arbre, et se dégageant, êtres ailés merveilleux, s'envolent dans les régions aériennes, pour y vivre une nouvelle année phénicienne, c'est-à-dire deux cents ans de notre rapide planète.

Nous traversâmes ainsi un grand nombre de systèmes, et il me semblait que l'éternité entière n'aurait pas été assez longue pour me permettre de jouir de toutes ces créations inconnues à la Terre; mais mon guide me laissait à peine le temps de me reconnaître, et toujours de nouveaux soleils et de nouveaux mondes apparaissaient. Nous avions presque heurté dans notre traversée des comètes transparentes qui erraient comme des souffles d'un système à l'autre, et plus d'une fois encore je m'étais senti attiré vers de merveilleuses planètes aux frais paysages dont les humanités eussent été de nouveaux sujets d'études. Les cinq pauvres sens incomplets qui constituent notre seul bagage organique sont vraiment insignifiants devant la richesse de perceptions des êtres munis de quinze, dix-huit et même vingt-six sens différents, comme nous en rencontrâmes sur plusieurs terres du ciel. Cependant la Muse céleste m'emportait sans arrêt toujours plus haut, toujours plus loin, lorsque enfin nous parvînmes à ce qui me parut être les faubourgs de l'univers.

Les soleils devinrent plus rares, moins lumineux, plus pâles, la nuit se fit plus complète entre les astres, et bientôt nous nous trouvâmes au sein d'un véritable désert, les milliards d'étoiles qui constituent l'univers visible de la Terre s'étant éloignées et ayant tout réduit à une petite voie lactée isolée dans le vide infini.

« Nous voici donc enfin, m'écriai-je, aux limites de la création !

— Regarde ! » répondit-elle, en me montrant le zénith.

IV

Mais quoi! Était-ce vrai? Un autre univers descendait vers nous! Des millions et des millions de soleils groupés ensemble planaient, nouvel archipel céleste, et allaient se développant comme une vaste nuée d'étoiles à mesure que nous montions. J'essayai de sonder du regard, tout autour de moi, dans toutes les profondeurs, l'espace infini, et partout j'apercevais des lueurs analogues, des amas d'étoiles disséminés à toutes les distances.

Le nouvel univers dans lequel nous pénétrions était surtout composé de soleils rouges, rubis et grenats. Plusieurs avaient absolument la couleur du sang.

Sa traversée fut une véritable fulguration. Rapidement nous filions de soleil en soleil, mais d'incessantes commotions électriques nous atteignaient comme les feux d'une aurore boréale. Quels étranges séjours que ces mondes illuminés uniquement par des soleils rouges! Puis, dans un district de cet univers, nous remarquâmes un groupe secondaire composé d'un grand nombre d'étoiles roses et d'étoiles bleues. Tout à coup une énorme comète dont la tête ressemblait à une gueule colossale se précipita sur nous et nous enveloppa. Je me pressais avec terreur contre les flancs de la déesse, qui un instant disparut pour moi dans un lumineux brouillard. Mais nous nous retrouvâmes de nouveau dans un désert obscur, car ce second univers s'était éloigné comme le premier.

« La création, me dit-elle, se compose d'un nombre infini d'univers distincts, séparés les uns des autres par des abîmes de néant.

— Un nombre *infini?*

— Objection mathématique, répliqua-t-elle. Sans doute un nombre, quelque grand qu'il soit, ne peut pas être actuellement infini, puisqu'on peut toujours par la pensée l'augmenter d'une unité, ou même le doubler, le tripler, le centupler. Mais souviens-toi que le moment actuel n'est qu'une porte par laquelle l'avenir se précipite vers le passé. L'éternité est sans fin, et le nombre des univers sera, lui aussi, sans fin. D'ailleurs, les étoiles, les soleils, les univers, ne forment pas *un nombre*. Ils sont, pour mieux dire, sans nombre.

« Regarde! tu vois encore, toujours et partout, de nouveaux archipels d'îles célestes, de nouveaux univers.

— Il me semble, ô Uranie! que depuis bien longtemps déjà, et avec une grande vitesse, nous montons dans un ciel sans bornes?

— Nous pourrions *toujours* monter ainsi, répliqua-t-elle, jamais nous n'atteindrions une limite définitive.

« Nous pourrions voguer là-bas, à gauche, à droite, devant nous, derrière nous, en bas, vers n'importe quelle direction, jamais, nulle part, nous ne rencontrerions aucune frontière.

« Jamais, jamais de fin.

« Sais-tu où nous sommes? Sais-tu quel chemin nous avons parcouru?

« Nous sommes... au vestibule de l'infini, comme nous y étions sur la Terre. *Nous n'avons pas avancé d'un seul pas!* »

Une grande émotion s'était emparée de mon esprit. Les dernières paroles d'Uranie m'avaient pénétré jusqu'aux moelles comme un frisson glacial. « Jamais de fin! jamais! jamais! » répétais-je. Et je ne pouvais dire ni penser autre chose. Pourtant la magnificence du spectacle reparut à mes yeux, et mon anéantissement fit place à l'enthousiasme.

« L'Astronomie! m'écriai-je. C'est tout! Savoir ces choses! Vivre dans l'infini. O

Uranie! Qu'est-ce que le reste des idées humaines en face de la science! Des ombres, des fantômes!

— Oh! fit-elle, tu vas te réveiller sur la Terre, tu admireras encore, et légitimement, la science de tes maîtres; mais sache-le bien, l'astronomie actuelle de vos écoles et de vos observatoires, l'astronomie mathématique, la belle science des Newton, des Laplace, des Le Verrier, n'est pas encore la science définitive.

« Ce n'est point là, ô mon fils, le but que je poursuis depuis les jours d'Hipparque et de Ptolémée. Regarde ces millions de soleils, analogues à celui qui fait vivre la Terre, et comme lui sources de mouvement, d'activité et de splendeur; eh bien, voilà l'objet de la science à venir : l'étude de *la vie universelle et éternelle*. Jusqu'à ce jour, on n'a pas pénétré dans le temple. Les chiffres ne sont pas un but, mais un moyen; ils ne représentent pas l'édifice de la nature, mais les méthodes, les échafaudages. Tu vas assister à l'aurore d'un jour nouveau. L'astronomie mathématique va faire place à l'astronomie physique, à la véritable étude de la nature.

« Oui, ajouta-t-elle, les astronomes qui calculent les mouvements apparents des astres dans leurs passages de chaque jour au méridien, ceux qui annoncent l'arrivée des éclipses, des phénomènes célestes, des comètes périodiques, ceux qui observent avec tant de soin les positions précises des étoiles et des planètes aux divers degrés de la sphère céleste, ceux qui découvrent des comètes, des planètes, des satellites, des étoiles variables, ceux qui recherchent et déterminent les perturbations apportées aux mouvements de la Terre par l'attraction de la Lune et des planètes, ceux qui consacrent leurs veilles à découvrir les éléments fondamentaux du système du monde, tous, observateurs ou calculateurs, sont des préparateurs de matériaux, des précurseurs de l'astronomie nouvelle. Ce sont là d'immenses travaux, des labeurs dignes d'admiration et de transcendantes œuvres, qui mettent en lumière les plus hautes facultés de l'esprit humain. Mais c'est l'armée du passé : mathématiciens et géomètres. Désormais le cœur des savants va battre pour une conquête plus noble encore. Tous ces grands esprits, en étudiant le ciel, ne sont, en réalité, pas sortis de la Terre. Le but de l'Astronomie n'est pas de nous montrer la position apparente de points brillants et de peser des pierres en mouvement dans l'espace, ni de nous faire connaître d'avance les éclipses, les phases de la Lune ou des marées. Tout cela est beau, mais insuffisant.

« Si la vie n'existait pas sur la Terre, cette planète serait absolument dépourvue d'intérêt pour quelque esprit que ce fût, et l'on peut appliquer la même réflexion à tous les mondes qui gravitent autour des milliards de soleils dans les profondeurs de l'immensité. La vie est le but de la création tout entière. S'il n'y avait ni vie ni pensée, tout cela serait comme nul et non avenu. La création, c'est un poème dont chaque lettre est un soleil.

« Tu es destiné à assister à une transformation complète de la science. La matière va faire place à l'esprit. »

— La vie universelle! fis-je. Est-ce que toutes les planètes de notre système solaire sont habitées?... Est-ce que les milliards de mondes qui peuplent l'infini sont habités?... Est-ce que ces humanités ressemblent à la nôtre?... Est-ce que nous les connaîtrons jamais?...

— L'époque pendant laquelle tu vis sur la Terre, la durée même de l'humanité terrestre, n'est qu'un moment dans l'éternité. »

Je ne compris pas cette réponse à mes questions.

« Il n'y a aucune raison, ajouta Uranie, pour que tous les mondes soient habités *maintenant*. L'époque actuelle n'a pas plus d'importance que celles qui l'ont précédée ou celles qui la suivront.

« La durée de l'existence de la Terre sera

beaucoup plus longue — peut-être dix fois plus longue — que celle de sa période vitale humaine. Sur une dizaine de mondes pris au hasard dans l'immensité, nous pourrions, par exemple, suivant les cas, en trouver à peine un actuellement habité par une race intelligente. Les uns l'ont été jadis ; d'autres le seront dans l'avenir ; ceux-ci sont en préparation, ceux-là ont parcouru toutes leurs phases ; ici des berceaux, là-bas des tombes ; et puis, une variété infinie se révèle dans les manifestations des forces de la nature, la vie terrestre n'étant en aucune façon le type de la vie extra-terrestre. Des êtres peuvent vivre, penser, en des organisations toutes différentes de celles que vous connaissez sur votre planète. Les habitants des autres mondes n'ont ni votre forme ni vos sens. Ils sont autres.

« Le jour viendra, et très prochainement, puisque tu es appelé à le voir, où cette étude des conditions de la vie dans les diverses provinces de l'univers, sera l'objet essentiel — et le grand charme — de l'Astronomie. Bientôt, au lieu de s'occuper simplement de la distance, du mouvement et de la masse matérielle de vos planètes voisines, par exemple, les astronomes découvriront leur constitution physique, leurs aspects géographiques, leur climatologie, leur météorologie, pénétreront le mystère de leur organisation vitale et discuteront sur leurs habitants. Ils trouveront que Mars et Vénus sont actuellement peuplés d'êtres pensants, que Jupiter en est encore à sa période primaire de préparation organique, que Saturne plane en des conditions toutes différentes de celles qui ont présidé à l'établissement de la vie terrestre et, sans jamais passer par un état analogue à celui de la Terre, sera habité par des êtres incompatibles avec les organismes terrestres. De nouvelles méthodes feront connaître la constitution physique et chimique des astres, la nature des atmosphères. Des instruments perfectionnés permettront même de découvrir les témoignages directs de l'existence de ces humanités planétaires et de songer à se mettre en communication avec elles. Voilà la transformation scientifique qui marquera la fin du dix-neuvième siècle et qui inaugurera le vingtième. »

J'écoutais, ravi, les paroles de la Muse céleste, qui illuminaient pour moi d'une lumière toute nouvelle les destinées de l'Astronomie et me pénétraient d'une ardeur plus vive encore. J'avais sous les yeux le panorama des mondes innombrables qui roulent dans l'espace et je comprenais que le but de la science devait être de nous faire connaître ces univers lointains, de nous faire vivre dans ces horizons immenses. La belle déesse continua :

« La mission de l'Astronomie sera plus élevée encore. Après vous avoir fait sentir, vous avoir fait connaître que la Terre n'est qu'une cité dans la patrie céleste et que l'homme est citoyen du ciel, elle ira plus loin. En découvrant le plan sur lequel l'univers physique est construit, elle montrera que l'univers moral est établi sur ce même plan, que les deux mondes ne forment qu'un même monde et que l'esprit gouverne la matière. Ce qu'elle aura fait pour l'espace, elle le fera pour le temps. Après avoir apprécié l'immensité de l'espace et avoir reconnu que les mêmes lois règnent simultanément en tous lieux et font de l'immense univers une seule unité, vous apprendrez que les siècles du passé et de l'avenir sont associés au temps présent et que les monades pensantes vivront éternellement par des transformations successives et progressives ; vous apprendrez qu'il y a des esprits incomparablement supérieurs aux plus grands esprits de l'humanité terrestre et que tout progresse vers la perfection suprême ; vous apprendrez aussi que le monde matériel n'est qu'une apparence et que l'être réel consiste en une force impondérable, invisible et intangible.

« L'Astronomie sera donc éminemment, et avant tout, la directrice de la philosophie. Ceux qui raisonneront en dehors des connaissances astronomiques resteront à côté de la vérité. Ceux qui suivront fidèlement son flambeau s'élèveront graduellement dans la solution des grands problèmes.

« La philosophie astronomique sera la religion des esprits supérieurs.

« Tu dois assister, ajouta-t-elle, à cette double transformation de la science. Lorsque tu quitteras le monde terrestre, cette science astronomique, que tu admires déjà si légitimement, sera entièrement renouvelée, dans sa forme comme dans son esprit.

« Mais ce n'est pas tout. Cette rénovation d'une science antique servirait peu au progrès général de l'humanité, si ces sublimes connaissances, qui développent l'esprit, éclairent l'âme et l'affranchissent des médiocrités sociales, restaient enfermées dans le cercle restreint des astronomes de profession. Ce temps-là va passer aussi. Le boisseau doit être renversé. Il faut prendre le flambeau à la main, accroître son éclat, le porter sur les places publiques, dans les rues populeuses, jusque dans les carrefours. Tout le monde est appelé à recevoir la lumière, tout le monde en a soif, surtout les humbles, surtout les déshérités de la fortune, car ceux-là pensent davantage, ceux-là sont avides de science, tandis que les satisfaits du siècle ne se doutent pas de leur ignorance et sont presque fiers d'y demeurer. Oui, la lumière de l'Astronomie doit être répandue sur le monde; elle doit pénétrer jusqu'aux masses populaires, éclairer les consciences, élever les cœurs. Et ce sera là sa plus belle mission; ce sera là son bienfait. »

V

Ainsi parla mon guide céleste. Son visage était beau comme le jour, ses yeux brillaient d'un lumineux éclat, sa voix semblait une musique divine. Je voyais les mondes circuler autour de nous dans l'espace et je sentais qu'une harmonie immense régit la nature.

« Maintenant, me dit Uranie en me désignant du doigt la place où notre soleil terrestre avait disparu, revenons sur la Terre.

Mais regarde encore. Tu as compris que l'espace est infini. Tu vas comprendre que le temps est éternel. »

Nous traversâmes des constellations et revînmes vers le système solaire. Je vis, en effet, reparaître le Soleil sous l'aspect d'une petite étoile.

« Je vais te donner un instant, fit-elle, sinon la vision divine, du moins la vision angélique. Ton âme va sentir les vibrations éthérées qui constituent la lumière et savoir comment l'histoire de chaque monde est éternelle en Dieu. Voir, c'est savoir. Vois ! »

De même qu'un microscope nous montre une fourmi de la grosseur d'un éléphant ; de même que, pénétrant jusqu'aux infiniment petits, il sait rendre l'invisible visible ; ainsi, à l'ordre de la Muse, ma vue acquit soudain une puissance de perception inattendue et distingua dans l'espace, à côté du Soleil qui s'éclipsa, la Terre, qui d'invisible devint visible.

Je la reconnus, et à mesure que je la regardais, son disque s'agrandissait, offrant l'aspect de la lune quelques jours avant la phase de la pleine lune. Bientôt je parvins, dans ce disque grandissant, à distinguer les principaux aspects géographiques, la tache neigeuse du pôle nord, les contours de l'Europe et de l'Asie, la mer du Nord, l'Atlantique, la Méditerranée. Plus je fixais mon attention, et mieux je voyais. Les détails devenaient de plus en plus perceptibles, comme si j'avais changé graduellement d'oculaires microtélescopiques. Je reconnus la forme géographique de la France ; mais notre belle patrie me parut entièrement verte, du Rhin à l'Océan et de la Manche à la Méditerranée, comme si elle avait été couverte d'une seule et immense forêt. Je parvenais cependant à distinguer de mieux en mieux les moindres détails, car les Alpes, les Pyrénées, le Rhin, le Rhône, la Loire, étaient faciles à reconnaître.

« Fixe avec intensité ton attention », reprit ma compagne.

En même temps qu'elle prononçait ces paroles, elle posait sur mon front l'extrémité de ses doigts allongés, comme si elle eût voulu magnétiser mon cerveau et donner à mes facultés de perception une puissance plus grande encore.

Alors je sondai, je pénétrai plus attentivement encore les détails de la vision, et j'eus devant les yeux la Gaule du temps de Jules César. C'était au temps de la guerre de l'indépendance animée par le patriotisme de Vercingétorix. Je voyais ces aspects d'en haut, comme nous voyons les paysages lunaires au télescope, comme nous voyons une contrée de la nacelle d'un ballon; mais je reconnus la Gaule, l'Auvergne, Gergovie, le Puy de Dôme, les volcans éteints, les lacs, et ma pensée se représenta facilement la scène gauloise dont une image abrégée m'arrivait.

« Nous sommes à une telle distance de la Terre, me dit Uranie, que la lumière emploie pour arriver de là jusqu'ici tout le temps qui nous sépare de l'époque de Jules César. Nous recevons seulement maintenant, ici, les rayons lumineux partis de la Terre à cette époque. Pourtant la lumière voyage dans l'espace éthéré avec la vitesse de trois cent mille kilomètres par seconde. C'est rapide, très rapide, mais ce n'est pas instantané. Les astronomes de la Terre qui observent maintenant les étoiles situées à la distance où nous sommes, ne les voient pas telles qu'elles sont actuellement, mais telles qu'elles étaient au moment où sont partis les rayons lumineux qui arrivent seulement aujourd'hui, c'est-à-dire telles qu'elles étaient il y a plus de dix-huit siècles.

« De la Terre, ajouta-t-elle, ni d'aucun point de l'espace, on ne voit jamais les astres tels qu'ils sont, mais tels qu'ils ont été. On est d'autant plus en retard sur leur histoire qu'on en est plus éloigné.

« Vous observez avec les plus grands soins au télescope des étoiles qui n'existent plus. Plusieurs même des étoiles que vous voyez à l'œil nu n'existent plus. Plusieurs des nébuleuses dont vous analysez la substance au spectroscope sont devenues des soleils. Plusieurs de vos plus belles étoiles rouges sont actuellement éteintes et mortes : en vous approchant d'elles vous ne les verriez plus !

« La lumière émanée de tous les soleils qui peuplent l'immensité, la lumière réfléchie dans l'espace par tous les mondes éclairés par ces soleils, emporte à travers le ciel infini les photographies de tous les siècles, de tous les jours, de tous les instants. En regardant un astre, vous le voyez tel qu'il était au moment où est partie la photographie que vous en recevez, de même qu'en entendant une cloche vous recevez le son après qu'il est parti, et d'autant plus longtemps après que vous en êtes plus éloigné.

« Il en résulte que l'histoire de tous les

mondes voyage actuellement dans l'espace, sans jamais disparaître absolument, et que tous les événements passés sont présents dans le sein de l'infini et indestructibles.

« La durée de l'univers sera sans fin. La Terre finira, et ne sera plus un jour qu'un tombeau. Mais il y aura de nouveaux soleils et de nouvelles terres, de nouveaux printemps et de nouveaux sourires, et toujours la vie fleurira dans l'univers sans bornes et sans fin.

« J'ai voulu te montrer, fit-elle après un instant de pause, j'ai voulu te montrer comment le temps est éternel. Tu avais senti l'infinité de l'espace. Tu avais compris la grandeur de l'univers. Maintenant, ton voyage céleste est accompli. Rapprochons-nous de la Terre et reviens dans ta patrie.

« Pour toi, ajouta-t-elle encore, sache que l'étude est la seule source de toute valeur intellectuelle, et que la connaissance du cœur humain conduit à l'indulgence et à la bonté; ne sois jamais ni pauvre ni riche; garde-toi de toute ambition comme de toute servitude ; sois indépendant : l'indépendance est le plus rare des biens, et la première condition du bonheur. »

Uranie parlait de sa douce voix. Mais la commotion produite par tous ces tableaux extraordinaires avait tellement ébranlé mon cerveau que je fus pris soudain d'un profond frémissement. Un frisson me parcourut de la tête aux pieds, et c'est sans doute ce qui amena mon réveil subit, au milieu d'une vive agitation.... Hélas! ce délicieux voyage céleste était terminé.

Je cherchai Uranie et ne la trouvai plus. Un clair rayon de lune, pénétrant par la fenêtre de ma chambre, venait caresser le bord d'un rideau et semblait dessiner vaguement la forme aérienne de mon céleste guide; mais ce n'était qu'un rayon de lune.

Lorsque je revins le lendemain à l'Observatoire, ma première impulsion fut d'accourir, sous un prétexte quelconque, dans le cabinet du Directeur et de revoir la Muse charmante qui m'avait gratifié d'un tel rêve....

La pendule avait disparu !

A sa place trônait le buste, en marbre blanc, de l'illustre astronome.

Je cherchai en d'autres pièces, et, à propos de mille prétextes, jusque dans les appartements, mais elle avait bien disparu.

Pendant des jours, pendant des semaines, je cherchai, sans parvenir à la revoir ni même à savoir ce qu'elle était devenue.

J'avais un ami, un confident, à peu près du même âge que moi, quoique paraissant un peu moins jeune à cause de sa barbe naissante, mais lui aussi fortement épris de l'idéal et plus rêveur encore peut-être, le seul d'ailleurs de tout le personnel de l'Observatoire avec lequel je me sois jamais intimement lié. Il partageait mes joies et mes peines. Nous avions les mêmes goûts, les mêmes idées, les mêmes sentiments. Il avait compris et mon adolescente admiration pour une statue, et la personnification dont mon imagination l'avait animée, et ma mélancolie d'avoir ainsi subitement perdu ma chère Uranie au moment même où elle venait de m'attacher si éperdument à elle.

Il avait plus d'une fois admiré avec moi les effets de la lumière sur sa céleste physionomie, et souriant de mes extases, comme un grand frère, me taquinant même, un peu vivement parfois, sur ma tendresse pour une idole, allait jusqu'à m'appeler « Camille Pygmalion ». Mais, au fond, je voyais bien qu'il l'aimait aussi.

Cet ami, qui, hélas! devait être emporté quelques années plus tard en pleine fleur de jeunesse, ce bon GEORGES SPERO, éminent esprit et grand cœur, dont le souvenir me restera éternellement cher, était alors secrétaire particulier du Directeur, et son affection si sincère me fut témoignée en cette circonstance par une attention aussi gracieuse qu'imprévue.

Un jour, en rentrant chez moi, je vis avec une stupéfaction quasi incrédule la fameuse pendule placée sur ma cheminée, là, juste devant moi!...

C'était bien elle! Mais comment était-elle là? Quel chemin avait-elle pris? D'où venait-elle?

J'appris que l'illustre auteur de la découverte de Neptune l'avait envoyée à réparer chez l'un des principaux horlogers de Paris, que celui-ci avait reçu de Chine une antique pendule astronomique du plus haut intérêt et en avait offert l'échange, lequel avait été accepté; et que Georges Spero, chargé de la transaction, avait racheté l'œuvre de Pradier pour me l'offrir en souvenir des leçons de mathématiques que je lui avais données.

Avec quelle joie je revis mon Uranie! Avec quel bonheur j'en rassasiai mes regards! Cette charmante personnification de la Muse du Ciel ne m'a jamais quitté depuis. Dans mes heures d'étude, la belle statue se tenait devant moi, semblant me rappeler le discours de la déesse, m'annoncer les destinées de l'Astronomie, me diriger dans mes adolescentes aspirations scientifiques. Depuis, des émotions plus passionnées ont pu séduire, captiver, troubler mes sens; mais je n'oublierai jamais le sentiment idéal que la Muse des étoiles m'avait inspiré, ni le voyage céleste dans lequel elle m'emporta, ni les panoramas inattendus qu'elle déploya sous mes regards, ni les vérités qu'elle me révéla sur l'étendue et la constitution de l'univers, — ni le bonheur qu'elle m'a donné en assignant définitivement pour carrière à mon esprit les calmes contemplations de la nature et de la science.

LIVRE II

Georges Spero

I

LA VIE

L'ardente lumière du soir flottait dans l'atmosphère comme un prodigieux rayonnement d'or. Des hauteurs de Passy, la vue s'étendait sur l'immense cité, qui, alors plus que jamais, était non pas une ville, mais un monde. L'Exposition universelle de 1867 avait réuni en ce Paris impérial toutes les attractions et toutes les séductions du siècle. Les fleurs de la civilisation y brillaient de leurs plus vives couleurs et s'y consumaient dans l'ardeur même de leurs parfums, mourant en pleine fièvre d'adolescence. Les souverains de l'Europe venaient d'y entendre une éclatante fanfare, qui fut la dernière de la monarchie ; les sciences, les arts, l'industrie semaient leurs créations nouvelles avec une prodigalité inépuisable. C'était comme une ivresse générale des êtres et des choses. Des régiments marchaient, musique en tête ; des chars rapides s'entre-croisaient de toutes parts ; des millions d'hommes s'agitaient dans la poussière des avenues, des quais, des boulevards ; mais cette poussière même, dorée par les rayons du soleil couchant, semblait une auréole couronnant la ville splendide. Les hauts édifices, les dômes, les tours, les clochers, s'illuminaient des reflets de l'astre enflammé ; on entendait au loin des sons d'orchestre mêlés à un murmure confus de voix et de bruits divers, et ce lumineux soir, complétant une éblouissante journée d'été, laissait dans l'âme un sentiment de contentement, de satisfaction et de bonheur. Il y avait là comme une sorte de résumé symbolique des manifestations de la vitalité d'un grand peuple arrivé à l'apogée de sa vie et de sa fortune.

Des hauteurs de Passy où nous sommes, de la terrasse d'un jardin suspendu, comme aux jours de Babylone, au-dessus du cours nonchalant du fleuve, deux êtres appuyés à la balustrade de pierre contemplent le bruyant spectacle. Dominant cette surface agitée de la mer humaine, plus heureux dans leur douce solitude que tous les atomes de ce tourbillon, ils n'appartiennent pas au monde vulgaire et planent au-dessus de cette agitation, dans l'atmosphère limpide de leur bonheur. Leurs esprits pensent, leurs cœurs aiment, ou, pour exprimer plus complètement le même fait, leurs âmes vivent.

Dans la juvénile beauté de son dix-huitième printemps, la jeune fille laisse errer son regard rêveur sur l'apothéose du soleil couchant, heureuse de vivre, plus heureuse encore d'aimer. Elle ne songe point à ces millions d'êtres humains qui s'agitent à ses pieds ; elle regarde sans le voir le disque ardent du soleil qui descend derrière les nuées empourprées de l'Occident; elle respire l'air parfumé des guirlandes de roses du jardin, et ressent dans tout son être cette quiétude de bonheur intime qui chante dans son cœur un ineffable cantique d'amour. Sa blonde chevelure nimbe son front d'une auréole vaporeuse et tombe en touffes opulentes sur sa taille fine et élancée; ses yeux bleus, bordés de longs cils noirs, semblent un reflet de l'azur des cieux; ses bras, son cou, d'une blancheur lactée, laissent deviner une chair diaphane, faite de transparence et de lumière rosée; ses joues, ses oreilles, sont vivement colorées; dans l'ensemble de sa personne, elle rappelle un peu ces petites marquises des peintres du dix-huitième siècle, qui naissaient à une vie inconnue dont elles ne devaient pas jouir bien longtemps. Elle se tient debout. Son compagnon, qui tout à l'heure entourait sa taille de son bras en contemplant avec elle le tableau de Paris, en écoutant avec elle les flots d'harmonie répandus dans les airs par la musique de la garde impériale, s'est assis à ses côtés. Ses yeux ont oublié Paris et le coucher

...Dans la juvénile beauté de son dix-huitième printemps...

du soleil, pour ne plus voir que sa gracieuse amie, et, sans s'en apercevoir, il la regarde avec une fixité étrange et douce, l'admirant comme s'il la voyait pour la première fois, ne pouvant se détacher de ce délicieux profil, l'enveloppant de son regard comme d'une magnétique caresse.

Le jeune étudiant restait absorbé dans cette contemplation. Étudiant, l'était-il encore à vingt-cinq ans? Mais ne l'est-on pas toujours? et notre maître d'alors, M. Chevreul, ne se surnommait-il pas hier encore, dans sa cent troisième année d'âge, le doyen des étudiants de France? Georges Spero avait terminé de fort bonne heure ces études de lycée qui n'apprennent rien, si ce n'est la méthode du travail, et continuait d'approfondir avec une infatigable ardeur les grands problèmes des sciences naturelles. L'astronomie surtout avait d'abord passionné son esprit, et je l'avais précisément connu (comme le lecteur s'en souvient peut-être par le récit précédent) à l'Observatoire de Paris, où il était entré dès l'âge de seize ans et où il s'était fait remarquer par une singularité assez bizarre, celle de n'avoir aucune ambition et de ne désirer aucun avancement. A l'âge de seize ans comme à l'âge de vingt-cinq, il se croyait à la veille de sa mort, jugeait peut-être qu'en fait la vie passe vite et qu'il est superflu de rien désirer, sinon la science, superflu de rien souhaiter au delà du bonheur d'étudier et de connaître. Il était peu communicatif, quoique, au fond, son caractère fût celui d'un enfant enjoué. D'une extrême délicatesse de sentiments, ses rapports avec les hommes restaient, en général, très réservés, car la moindre désillusion lui causait une véritable souffrance. Sa bouche, fort petite et très gracieusement dessinée, semblait sourire, si l'on examinait avec attention le coin des lèvres; autrement, elle paraissait plutôt pensive et faite pour le silence. Ses yeux, dont la couleur indécise, rappelant le bleu vert de l'horizon de la mer, changeait suivant la lumière et selon les émotions intérieures, étaient animés d'une vivante flamme intérieure et se montraient ordinairement d'une grande douceur; mais en certaines circonstances on eût pu les croire enflammés du feu de l'éclair ou froids comme l'acier. Le regard était profond, parfois insondable et même étrange, énigmatique. L'oreille était petite, gracieusement ourlée, le lobe bien détaché et légèrement relevé, ce qui pour les analystes est un indice de finesse d'esprit. Le front était vaste, quoique la tête fût plutôt petite, agrandie par une belle chevelure aux boucles chatoyantes. Sa barbe était fine, châtain comme ses cheveux, légèrement frisée. De taille moyenne, l'ensemble de sa personne était élégant, d'une élégance native, soignée sans prétention comme sans affectation.

Nous n'avions eu aucune camaraderie avec lui, ni mes amis, ni moi, à aucune époque. Aux jours de congé, aux heures de plaisir, il n'était jamais là. Perpétuellement plongé dans ses études, on eût pu croire qu'il s'était livré sans trêve à la recherche de la pierre philosophale, de la quadrature du cercle ou du mouvement perpétuel. Je ne lui ai jamais connu d'ami, si ce n'est moi, encore ne suis-je pas sûr d'avoir reçu toutes ses confidences. Peut-être, du reste, n'a-t-il pas eu d'autre événement intime dans sa vie que celui dont je me fais aujourd'hui l'historien, et que j'ai pù exactement connaître comme témoin, sinon comme confident.

Le problème de l'âme était l'obsession perpétuelle de sa pensée. Parfois il s'abîmait dans la recherche de l'inconnu avec une telle intensité d'action cérébrale, qu'il sentait sous son crâne un fourmillement dans lequel toutes ses facultés pensantes semblaient s'anéantir. C'était surtout lorsque après avoir longuement analysé les conditions de l'immortalité, il voyait tout d'un coup disparaître devant lui l'éphémère vie actuelle, et s'ouvrir devant son être mental l'éternité sans fin. En face de ce spectacle de l'âme en pleine éternité, il voulait *savoir*. La vue de son corps pâle et glacé, enseveli dans un suaire, étendu dans un cercueil, abandonné au fond d'une fosse étroite, dernière et lugubre demeure, sous l'herbe où le grillon murmure, ne consternait pas sa pensée autant que l'incertitude de l'avenir. « Que deviendrai-je ? Que devenons-nous ? répétait-il comme un choc d'idée fixe dans son cerveau. Si nous mourons entièrement, quelle inepte comédie que la vie, avec ses luttes et ses espérances! Si nous sommes immortels, que faisons-nous pendant l'interminable éternité? D'aujourd'hui en cent ans, où serai-je? où seront tous les habitants actuels de la Terre? et les habitants de tous les mondes? Mourir pour toujours, toujours, n'avoir existé qu'un moment : quelle dérision! ne vaudrait-il pas mieux cent fois n'être point né et n'avoir point souffert? Mais si le destin est de vivre éternellement sans jamais pouvoir rien changer à la fatalité qui nous emporte, ayant toujours devant nous l'éternité sans fin, comment supporter le poids d'une pareille destinée? Et c'est là le sort qui nous attend! Si jamais nous sommes fatigués de l'existence, il nous serait interdit de la fuir, il nous serait impossible de finir! cruauté plus implacable encore que celle d'une vie éphémère s'évanouissant comme le vol d'un insecte dans la fraîcheur du soir. Pourquoi donc sommes-nous nés? Pour souffrir de l'incertitude? Pour ne pas voir une seule de nos espérances rester debout après examen? pour vivre, si nous ne pensons pas, comme des idiots, et si nous pensons, comme des fous? Ni but, ni logique en rien!... Et l'on nous parle d'un « bon Dieu » ! Et il y a des religions, des prêtres, des pasteurs, des rabbins, des bonzes! Mais l'humanité n'est qu'une race de dupes et de dupés. La religion vaut la patrie et le prêtre vaut le soldat. Les hommes de toutes les nations sont armés jusqu'aux dents, pour s'entr'assassiner comme des imbéciles. Eh! c'est ce qu'ils peuvent faire de plus sage : c'est le meilleur remerciement qu'ils puissent adresser à la Nature pour l'inepte cadeau dont elle les a gratifiés en leur donnant le jour. »

J'essayais d'apaiser ses tourments, ses inquiétudes, m'étant fait à moi-même une certaine philosophie qui m'avait relativement satisfait : « La crainte de la mort, lui disais-je, me paraît absolument chimérique. Il n'y a que deux hypothèses à faire. Lorsque nous nous endormons chaque soir, nous pouvons ne pas nous réveiller le lendemain, et cette idée, lorsque nous y songeons, ne nous empêche pas de nous endormir. Pourtant, 1° ou bien, tout finissant avec la vie, nous ne nous réveillerons pas du tout, nulle part, et, dans ce cas, c'est un sommeil qui n'a pas été fini, qui, pour nous, durera éternellement : nous n'en saurons donc jamais rien ; ou bien, 2° l'âme survivant au corps, nous nous réveillons ailleurs pour continuer notre activité. Dans ce cas, le réveil ne peut être redoutable : il doit plutôt être enchanteur, toute existence dans la nature ayant sa raison d'être, et toute créature, la plus infime comme la plus noble, trouvant son bonheur dans l'exercice de ses facultés. »

Ce raisonnement semblait le calmer. Mais les inquiétudes du doute ne tardaient pas à reparaître, piquantes comme des épines. Parfois il errait seul, dans les vastes cimetières de Paris, cherchant entre les tombes les allées les plus désertes, écoutant le bruit du vent dans les arbres, le bruissement des feuilles mortes dans les sentiers, le regard perdu parmi ces tombeaux rectangulaires serrés les uns contre les autres, monuments faits à la taille des morts et mesurés strictement sur le néant humain.

Parfois, il s'éloignait, aux environs de la grand'-ville, à travers les bois, où d'ineffables mélancolies soupirent, et pendant des heures entières marchait en s'entretenant lui-même, s'attardant jusqu'à la nuit, jusqu'au clair de lune, aux pâles rayons de ce soleil nocturne qui semble fait pour les morts. Parfois aussi il demeurait toute une longue journée dans son atelier de la place du Panthéon, atelier qui lui servait à la fois de cabinet de travail, de chambre à coucher et de pièce de réception, et jusqu'à une heure avancée de la nuit disséquait un cerveau rapporté de la Clinique, étudiant au microscope les coupes en minces lamelles de la substance grise.

L'incertitude des sciences appelées positives, le brusque arrêt de son esprit dans la solution des problèmes, le jetaient alors en un violent désespoir, et plus d'une fois je le trouvai dans un abattement inerte, les yeux brillants et fixes, les mains brûlantes de fièvre, le pouls agité et intermittent. En l'une de ces crises même, ayant été obligé de le quitter pour quelques heures, je crus ne plus le trouver vivant en revenant vers cinq heures du matin. Il avait auprès de lui un verre de cyanure de potassium qu'il essaya de cacher à mon arrivée. Mais aussitôt, reprenant son calme avec une grande sérénité d'âme, il eut un léger sourire : « A quoi bon ? me dit-il, si nous sommes immortels, cela ne servirait à rien. Mais c'était pour le savoir plus vite. » Il m'avoua ce jour-là qu'il avait cru être douloureusement enlevé par les cheveux jusqu'à la hauteur du plafond pour retomber ensuite de tout son poids sur le plancher.

L'indifférence publique à l'égard de ce grand problème de la destinée humaine, question qui, à ses yeux, primait toutes les autres, puisqu'il s'agit de notre existence ou de notre néant, avait le don de l'exaspérer au dernier degré. Il ne voyait partout que des gens occupés à des intérêts matériels, uniquement absorbés par l'idée bizarre de « gagner de l'argent », consacrant toutes leurs années, tous leurs jours, toutes leurs heures, toutes leurs minutes, à ces intérêts déguisés sous les formes les plus diverses, et ne trouvait aucun esprit libre, indépendant, vivant de la vie de l'esprit. Il lui semblait que les êtres pensants pouvaient, *devaient*, tout en vivant de la vie du corps, puisqu'on ne peut faire autrement, du moins ne pas rester esclaves d'une organisation aussi grossière, et vouer leurs meilleurs instants à la vie intellectuelle.

A l'époque où commence ce récit, Georges Spero était déjà célèbre, et même illustre, par les travaux scientifiques originaux qu'il avait publiés et par plusieurs ouvrages de haute littérature qui avaient porté son nom aux acclamations du monde entier. Quoiqu'il n'eût pas encore accompli sa vingt-cinquième année, plus d'un million de lecteurs avaient lu ses œuvres, qu'il n'avait point écrites cependant pour le gros public, mais qui avaient eu le rare succès d'être appréciées par la majorité désireuse de s'instruire aussi bien que par la minorité éclairée. On l'avait proclamé le Maître d'une école nouvelle, et d'éminents critiques, ne connaissant ni son individualité physique, ni son âge, parlaient de « ses doctrines ».

Comment ce singulier philosophe, cet étudiant austère, se trouvait-il aux pieds d'une jeune fille à l'heure du coucher du soleil, seul avec elle, sur cette terrasse où nous venons de les rencontrer? La suite de ce récit va nous l'apprendre.

II

L'APPARITION

Leur première rencontre avait été véritablement étrange. Contemplateur passionné des beautés de la nature, toujours en quête des grands spectacles, le jeune naturaliste avait entrepris, l'été précédent, le voyage de Norvège, dans le but de visiter ces fiords solitaires où s'engouffre la mer et ces montagnes aux cimes neigeuses qui élèvent au-dessus des nues leurs fronts immaculés, et surtout avec le vif désir d'y faire une étude spéciale des aurores boréales, cette manifestation grandiose de la vie de notre planète. Je l'avais accompagné dans ce voyage. Les couchers de soleil au delà des fiords calmes et profonds ; les levers de l'astre splendide sur les montagnes, charmaient en une indicible émotion son âme d'artiste et de poète. Nous demeurâmes là plus d'un mois, parcourant la pittoresque région qui s'étend de Christiania aux Alpes scandinaves. Or, la Norvège était la patrie de cette enfant du Nord, qui devait exercer une si rapide influence sur son cœur non éveillé. Elle était là, à quelques pas de lui, et pourtant ce fut seulement le jour de notre départ que le hasard, ce dieu des anciens, se décida à les mettre en présence.

La lumière du matin dorait les cimes lointaines. La jeune Norvégienne avait été conduite par son père sur l'une de ces montagnes où maints excursionnistes se rendent, comme au Righi de Suisse, pour assister au lever du soleil, qui, ce jour-là, avait été merveilleux. Icléa s'était écartée, seule, à quelques mètres, sur un monticule isolé, pour mieux distinguer certains détails de paysage, lorsque se retournant, le visage à l'opposé du soleil, pour embrasser l'ensemble de l'horizon, elle aperçut, non plus sur la montagne ni sur la terre, mais dans le ciel même, son image, sa personne tout entière, fort bien reconnaissable. Une auréole lumineuse encadrait sa tête et ses épaules d'une couronne de gloire éclatante, et un grand cercle aérien, faiblement teinté des nuances de l'arc-en-ciel, enveloppait la mystérieuse apparition.

Stupéfaite, émue par la singularité du spectacle, encore sous l'impression de la splendeur du lever du soleil, elle ne remarqua pas immédiatement qu'une autre figure, un profil de tête d'homme, accompagnait la sienne, silhouette de voyageur immobile, en contemplation devant elle, rappelant ces statues de saints debout sur les piliers d'église. Cette figure masculine et la sienne étaient encadrées par le même cercle aérien. Tout d'un coup, elle aperçut cet étrange profil humain dans les airs, crut être le jouet d'une vision fantastique, et, émerveillée, fit un geste de surprise et presque d'effroi. Son image aérienne reproduisit le même geste, et elle vit le spectre du voyageur porter la main à son chapeau et se découvrir comme en une salutation céleste, puis perdre la netteté ds ses contours et s'évanouir en même temps que sa propre image.

La transfiguration du Mont Thabor, où les disciples de Jésus aperçurent tout d'un coup dans le ciel l'image du Maître accompagnée de celles de Moïse et d'Élie, ne plongea pas ses témoins dans une stupéfaction plus grande que celle de l'innocente vierge de Norvège, en face de cette anthélie dont la théorie est connue de tous les météorologistes.

Cette apparition se fixa dans la profondeur de sa pensée comme un rêve merveilleux. Elle avait appelé son père, resté à une faible distance derrière le monticule; mais, lorsqu'il arriva, tout avait disparu. Elle lui en demanda l'explication, sans rien obtenir, si ce n'est un doute, et presque une négation sur la réalité du phénomène. Cet excel-

Tout d'un coup, elle aperçut cet étrange profil humain dans les airs....

lent homme, ancien officier supérieur, appartenait à cette catégorie de sceptiques distingués qui nient tout simplement ce qu'ils ignorent ou ne comprennent pas. La délicieuse créature eut beau lui affirmer qu'elle venait de voir son image dans le ciel, — et même celle d'un homme qu'elle jugeait jeune et de bonne tournure, — elle eut beau raconter les détails de l'apparition et ajouter que les figures lui avaient paru plus grandes que nature et ressemblaient à des silhouettes colossales, il lui déclara avec autorité, et non sans emphase, que c'était ce qu'on appelle des illusions d'optique produites par l'imagination quand on a mal dormi, surtout pendant les années de l'adolescence.

Mais, le soir du même jour, comme nous montions sur le bateau à vapeur, je remarquai une jeune fille à la chevelure un peu évaporée qui regardait mon ami d'un air franchement étonné. Elle était sur le quai, au bras de son père, et demeurait là immobile comme la femme de Loth changée en statue de sel. Je la signalai à Georges dès notre arrivée sur le bateau; mais à peine eût-il tourné la tête de son côté, que je vis les joues de la jeune fille s'empourprer d'une

subite rougeur, et aussitôt elle détourna son regard pour le diriger sur la roue du navire qui commençait à se mettre en marche. Je ne sais si Spero y prit garde. En fait, le matin, nous n'avions rien vu ni l'un ni l'autre du phénomène aérien, du moins au moment où la jeune fille était arrivée près de nous, et elle nous était restée cachée elle-même par un petit massif d'arbustes : c'était surtout le côté de l'Orient, la magnificence du lever du soleil, qui nous avait attirés. Cependant il salua la Norvège, qu'il quittait avec regret, du même geste dont il avait salué le soleil levant; et l'inconnue prit ce salut pour elle.

Deux mois plus tard, à Paris, le comte de K... recevait une société nombreuse à propos d'un récent triomphe de sa compatriote Christine Nilson. La jeune Norvégienne et son père, venus à Paris passer une partie de l'hiver, étaient au nombre des invités ; ils se connaissaient de longue date comme compatriotes, la Suède et la Norvège étant sœurs. Pour nous, nous y venions pour la première fois et l'invitation était même due à l'apparition du dernier livre de Spero, déjà signalé par un éclatant succès. Rêveuse, pensive, instruite par l'éducation solide des pays du

Nord, avide de connaître, Icléa avait déjà lu, relu avec curiosité, ce livre quelque peu mystique dans lequel le nouveau métaphysicien avait exposé les anxiétés de son âme non satisfaite des *Pensées* de Pascal. Ajoutons qu'elle avait elle-même depuis plusieurs mois passé avec succès l'examen du brevet supérieur, et qu'ayant renoncé à l'étude de la médecine, qui d'abord l'avait attirée, elle commençait à s'initier avec quelque curiosité aux recherches toutes nouvelles de la physiologie psychologique.

Lorsqu'on avait annoncé « M. Georges Spero », il lui avait semblé qu'un ami inconnu, presque un confident de son esprit, venait d'entrer. Elle tressaillit, comme frappée d'une commotion électrique. Lui, peu mondain, timide, gêné dans les réunions d'inconnus, n'aimant ni danser, ni jouer, ni causer, était resté dans le même coin du salon à côté de quelques amis, assez indifférent aux valses et aux quadrilles, plus attentif à deux ou trois chefs-d'œuvre de la musique moderne interprétés avec sentiment ; et la soirée entière s'était passée sans qu'il se fût approché d'elle, quoiqu'il l'eût remarquée et que, dans toute cette éblouissante soirée, il n'eût vu qu'elle. Leurs regards s'étaient plus d'une fois rencontrés. A la fin, vers deux heures du matin, alors que la réunion

se faisait plus intime, il osa venir auprès d'elle, sans pourtant lui adresser la parole. Ce fut elle qui, la première, lui parla, pour lui exprimer un doute sur la conclusion de son livre.

Flatté, mais plus surpris encore d'apprendre que ces pages de métaphysique avaient une lectrice, — et une lectrice de cet âge, — l'auteur répondit, assez maladroitement, que ces recherches étaient un peu sérieuses pour une femme. Elle répliqua que les femmes, les jeunes filles, ne sont pas toujours exclusivement absorbées par l'exercice de la coquetterie, et qu'elle en connaissait qui parfois pensaient, cherchaient, travaillaient, étudiaient. Elle parla avec quelque vivacité, pour défendre les femmes contre le dédain scientifique de certains hommes et soutenir leur aptitude intellectuelle, et n'eut pas de peine à gagner une cause dont son interlocuteur n'était, d'ailleurs, en aucune façon l'adversaire.

Ce nouveau livre, dont le succès avait été immédiat et éclatant, malgré la gravité du sujet, avait entouré le nom de Georges Spero d'une véritable auréole de célébrité, et dans les salons le brillant écrivain était partout accueilli avec une vive sympathie. Les deux jeunes gens avaient à peine échangé quelques paroles qu'il se trouva le point de mire des amis de la maison et obligé de répondre à diverses questions qui vinrent interrompre leur tête-à-tête. L'un des plus éminents critiques du jour, Sainte-Beuve, avait précisément consacré un long article au nouvel ouvrage, et le sujet même du livre était devenu l'objet de la conversation générale. Icléa se tint à l'écart. Elle sentait, et les femmes ne s'y trompent guère, que le héros l'avait remarquée, que sa pensée était déjà attachée à la sienne par un fil invisible, et qu'en répondant aux questions plus ou moins banales qui lui étaient adressées, son esprit n'était pas entièrement à la conversation. Ce premier triomphe intime lui suffisait. Elle n'en désirait point d'autres. Et puis, elle avait reconnu dans son profil la silhouette mystérieuse de l'apparition aérienne et le jeune voyageur du bateau de Christiania.

Dans cette première entrevue, il ne tarda pas à lui témoigner son enthousiasme pour les sites merveilleux de la Norvège et à lui raconter son voyage. Elle brûlait d'entendre un mot, une allusion quelconque, au phénomène aérien qui l'avait tant frappée ; et elle ne comprenait pas son silence, sa discrétion. Lui, n'ayant pas observé l'anthélie au moment où elle s'y était elle-même projetée, n'avait pas été particulièrement surpris d'un phénomène qu'il avait plusieurs fois déjà, et en de meilleures conditions, étudié du haut de la nacelle d'un aérostat, et, n'ayant rien observé de spécial, n'avait rien à en dire. L'instant de l'embarquement ne se représenta pas non plus à sa mémoire, et quoique la blonde enfant ne lui parût pas tout à fait étrangère, cependant il ne se souvenait pas de l'avoir entrevue. Pour moi, je l'avais immédiatement reconnue. Il causa des lacs, des rivières, des fiords, des montagnes ; apprit d'elle que sa mère était morte fort jeune d'une maladie de cœur, que son père préférait la vie de Paris à celle de tout autre pays, et que sans doute elle ne retournerait plus que rarement dans sa patrie.

Une remarquable communauté de goûts et d'idées, une vive sympathie mutuelle, une estime réciproque, les mirent tout de suite en relation. Élevée suivant le mode d'éducation anglaise, elle jouissait de cette indépendance d'esprit et de cette liberté d'action que les femmes de France ne connaissent qu'après le mariage, et ne se sentait arrêtée par aucune de ces conventions sociales qui paraissent destinées chez nous à protéger l'innocence et la vertu. Deux amies de son âge étaient même déjà venues seules à Paris pour terminer leur éducation musicale, et elles vivaient ensemble, en pleine Babylone, en toute sécurité d'ailleurs, sans s'être jamais doutées des périls dont on prétend que Paris est rempli. La jeune fille reçut les visites de Georges Spero comme son père eût pu les recevoir lui-même, et en quelques semaines l'affinité de leurs caractères et de leurs goûts les avait associés dans les mêmes études, dans les mêmes

recherches, souvent dans les mêmes pensées. Presque chaque jour, dans l'après-midi, entraîné par une secrète attraction, il se dirigeait du quartier Latin vers les bords de la Seine, qu'il suivait jusqu'au Trocadéro, et passait plusieurs heures avec Icléa soit dans la bibliothèque, soit sur la terrasse du jardin, soit en une promenade au Bois.

La première impression, née de l'apparition céleste, était restée dans l'âme d'Icléa. Elle regardait le jeune savant, sinon comme un dieu ou comme un héros, du moins comme un homme supérieur à ses contemporains. La lecture de ses ouvrages fortifia cette impression et l'accrut encore : elle ressentit pour lui plus que de l'admiration, une véritable vénération. Lorsqu'elle eut fait sa connaissance personnelle, le grand homme ne descendit pas de son piédestal. Elle le trouva si éminent, si transcendant dans ses études, dans ses travaux, dans ses recherches, mais en même temps si simple, si sincère, si bon et si indulgent pour tous, et — saisissant tout prétexte pour entendre prononcer son nom — elle dut subir parfois quelques critiques de rivaux si injustes envers lui, qu'elle se prit à l'aimer avec un sentiment presque maternel. Ce sentiment d'affection protectrice existe-t-il donc déjà dans le cœur des jeunes filles? Peut-être, mais assurément elle l'aima ainsi d'abord. Je crois avoir dit plus haut que le fond du caractère de ce penseur était quelque peu mélancolique, de cette mélancolie de l'âme dont parle Pascal, et qui est comme la nostalgie du ciel. Il cherchait, en effet, perpétuellement la solution de l'éternel problème, le *To be or not to be* « ÊTRE OU N'ÊTRE PAS » d'Hamlet. Parfois on eût pu le voir triste, atterré jusqu'à la mort. Mais, par un singulier contraste, lorsque ses noires pensées s'étaient pour ainsi dire consumées dans la recherche, que le cerveau épuisé perdait la faculté de vibrer encore, il y avait en lui comme un repos, un rassérénement; la circulation de son sang vermeil ranimait la vie organique, le philosophe disparaissait pour faire place à un enfant presque naïf, d'une gaieté facile, s'amusant de tout et de rien, ayant presque des goûts féminins, aimant les fleurs, les parfums, la musique, la rêverie, passant parfois des heures à examiner la structure et la vie d'une modeste plante grimpant le long d'un mur, ou paraissant même d'une étonnante insouciance.

III

TO BE OR NOT TO BE

C'était précisément cette phase de sa vie intellectuelle qui avait si intimement associé les deux êtres. Heureuse d'exister, à la fleur de son printemps, s'ouvrant à la lumière de la vie, harpe vibrant de toutes les harmonies de la nature, la belle créature du Nord rêvait encore parfois aux elfes et aux fées de son climat, aux anges et aux mystères de la religion chrétienne, qui avaient bercé son enfance; mais sa piété, sa crédulité des premiers jours, n'avaient pas obscurci sa raison, elle pensait librement, cherchait avec sincérité la vérité, et, regrettant peut-être de ne plus croire au paradis des prédicateurs, elle se sentait pourtant animée du désir impérieux de vivre toujours. La mort lui semblait une cruelle injustice. Elle ne revoyait jamais sa mère étendue sur son lit de mort, belle de tout l'éclat de sa trentième année, emportée en pleine floraison des roses dans un cimetière verdoyant et parfumé, tout rempli de chants d'oiseaux, et rayée subitement du livre des vivants, tandis que la nature entière avait continué de chanter, de fleurir et de briller; elle ne revoyait jamais, dis-je, le pâle visage de sa mère, sans qu'un frisson subit la parcourût tout entière, de la tête aux pieds. Non, sa mère n'était pas morte. Non, elle ne mourrait pas elle-même, ni à trente ans, ni plus tard. Et lui! *Lui*, mourir! cette sublime intelligence s'anéantir par un arrêt du cœur ou de la respiration? Non, ce n'était pas possible. Les hommes se trompent. Un jour on saura.

Elle aussi pensait parfois à ces mystères, sous une forme plutôt esthétique et sentimentale que scientifique ; mais elle y pensait. Toutes ses questions, tous ses doutes, le but secret de ses conversations, de son attachement si rapide peut-être à son ami, tout cela avait pour cause l'immense soif de connaître qui altérait son âme. Elle espérait en lui, parce qu'elle avait déjà trouvé dans ses écrits la solution des plus grands problèmes. Ils lui avaient appris à connaître l'univers, et cette connaissance se trouvait être plus belle, plus vivante, plus grande, plus poétique que les erreurs et les illusions anciennes. Depuis le jour où elle avait appris de ses lèvres que sa vie n'avait pas d'autre but que cette recherche de la réalité, elle était sûre qu'il trouverait, et son esprit s'accrochait, se nouait au sien, peut-être encore plus énergiquement que son cœur.

Il y avait environ trois mois qu'ils vivaient

ainsi, d'une commune vie intellectuelle, passant presque tous les jours plusieurs heures dans la lecture des mémoires originaux écrits dans les différentes langues sur la philosophie scientifique, la théorie des atomes, la physique moléculaire, la chimie organique, la thermodynamique et les diverses sciences qui ont pour but la connaissance de l'être, dissertant sur les contradictions apparentes ou réelles des hypothèses, trouvant parfois, dans les écrivains purement littéraires, des rapports et des coïncidences assez surprenantes avec les axiomes scientifiques, s'étonnant de certaines presciences des grands auteurs. Ces lectures, ces recherches, ces comparaisons les avaient toujours intéressés par l'élimination que leur esprit de plus en plus éclairé se voyait conduit à faire des neuf dixièmes des écrivains, dont les œuvres sont absolument vides, et de la moitié du dernier dixième, dont les écrits n'ont qu'une valeur superficielle; ayant ainsi déblayé le champ de la littérature, ils vivaient avec une certaine satisfaction dans la société restreinte des esprits supérieurs. Peut-être y entrait-il quelque léger sentiment d'orgueil.

Un jour, Spero arriva plus tôt que de coutume. « *Eureka!* » s'écria-t-il. Mais, se reprenant aussi vite : « *Peut-être....* »

S'appuyant à la cheminée où pétillait un feu ardent, tandis que sa compagne le contemplait de ses grands yeux pleins de curiosité, il se mit à parler avec une sorte de solennité inconsciente, comme s'il se fût entretenu avec son propre esprit, dans la solitude d'un bois :

« Tout ce que nous voyons n'est qu'apparence. La réalité est autre.

« Le Soleil paraît tourner autour de nous, se lever le matin et se coucher le soir, et la Terre où nous sommes paraît immobile. C'est le contraire qui est vrai. Nous habitons autour d'un projectile tourbillonnant, lancé dans l'espace avec une vitesse soixante-quinze fois plus rapide que celle qui emporte un boulet de canon.

« Un harmonieux concert vient charmer nos oreilles. Le son n'existe pas, n'est qu'une impression de nos sens, produite par des vibrations de l'air d'une certaine amplitude et d'une certaine vitesse, vibrations en elles-mêmes silencieuses. Sans le nerf auditif et le cerveau, il n'y aurait pas de sons. En réalité, il n'y a que du mouvement.

« L'arc-en-ciel épanouit son cercle radieux, la rose et le bluet mouillés par la pluie scintillent au soleil, la verte prairie, le sillon d'or diversifient la plaine de leurs éclatantes couleurs. Il n'y a pas de couleurs, il n'y a pas de lumière, il n'y a que des ondulations de l'éther qui mettent en vibration le nerf optique. Apparences trompeuses. Le soleil échauffe et féconde, le feu brûle : il n'y a pas de chaleur, mais seulement des sensations. La chaleur, comme la lumière, n'est qu'un mode de mouvement. Mouvements invisibles, mais souverains, suprêmes.

« Voici une forte solive de fer, de celles qu'on emploie si généralement aujourd'hui dans les constructions. Elle est posée dans le vide, à dix mètres de hauteur, sur deux murs, sur lesquels s'appuient ses deux extrémités. Elle est « solide », certes. En son milieu, on a posé un poids de mille, deux mille, dix mille kilogrammes, et ce poids énorme, elle ne le sent même pas; c'est à peine si l'on peut constater par le niveau une imperceptible flexion. Pourtant, cette solive est composée de molécules qui ne se touchent pas, qui sont en vibration perpétuelle, qui s'écartent les unes des autres sous l'influence de la chaleur, qui se resserrent sous l'influence du froid. Dites-moi, s'il vous plaît, ce qui constitue la solidité de cette barre de fer? Ses atomes matériels? Assurément non, puisqu'ils ne se touchent pas. Cette solidité réside dans l'attraction moléculaire, c'est-à-dire dans une force immatérielle.

« Absolument parlant, le solide n'existe pas. Prenons entre nos mains un lourd boulet de fer; ce boulet est composé de molécules invisibles, qui ne se touchent pas, lesquelles sont composées d'atomes qui ne se touchent pas davantage. La continuité que paraît avoir la surface de ce boulet et sa solidité apparente sont donc de pures illusions. Pour l'esprit qui analyserait sa structure intime, c'est un tourbillon de moucherons rappelant ceux qui tournoient dans l'atmosphère des jours d'été. D'ailleurs, chauffons ce boulet qui nous paraît solide : il coulera; chauffons-le davantage : il s'évaporera, sans pour cela changer de nature; liquide ou gaz, ce sera toujours du fer.

« Nous sommes en ce moment dans une maison. Tous ces murs, ces planchers, ces tapis, ces meubles, cette cheminée de marbre, sont composés de molécules qui ne se touchent pas davantage. Et toutes ces molécules constitutives des corps sont en mouvement de circulation les unes autour des autres.

« Notre corps est dans le même cas. Il est formé par une circulation perpétuelle de molécules; c'est une flamme incessamment consumée et renouvelée; c'est un fleuve au bord duquel on vient s'asseoir en croyant revoir toujours la même eau, mais où le cours perpétuel des choses ramène une eau toujours nouvelle.

« Chaque globule de notre sang est un monde (et nous en avons cinq millions par millimètre cube). Successivement, sans arrêt ni trêve, dans nos artères, dans nos veines, dans notre chair, dans notre cerveau, tout circule, tout marche, tout se précipite dans un tourbillon vital proportionnellement aussi rapide que celui des corps célestes. Molécule par molécule, notre cerveau, notre crâne, nos yeux, nos nerfs, notre chair tout entière, se renouvellent sans arrêt et si rapidement, qu'en quelques mois notre corps est entièrement reconstitué.

« Par des considérations fondées sur les attractions moléculaires, on a calculé que, dans une minuscule gouttelette d'eau projetée à l'aide de la pointe d'une épingle, gouttelette invisible à l'œil nu, mesurant un millième de millimètre cube, il y a plus de deux cent vingt-cinq millions de molécules.

« Dans une tête d'épingle, il n'y a pas moins de huit sextillions d'atomes, soit huit mille milliards de milliards, et ces atomes sont séparés les uns des autres par des distances considérablement plus grandes que leurs dimensions, ces dimensions étant d'ailleurs invisibles même au plus puissant microscope. Si l'on voulait compter le nombre de ces atomes contenus dans une tête d'épingle, en en détachant par la pensée un milliard par seconde, il faudrait continuer cette opération pendant deux cent cinquante-trois mille ans pour achever l'énumération.

« Dans une goutte d'eau, dans une tête d'épingle, il y a incomparablement plus d'atomes que d'étoiles dans tout le ciel connu des astronomes armés de leurs plus puissants télescopes.

« Qui soutient la Terre dans le vide éternel, le Soleil et tous les astres de l'univers? Qui soutient cette longue solive en fer jetée entre deux murs et sur laquelle on va bâtir plusieurs étages? Qui soutient la forme de tous les corps? La Force.

« L'univers, les choses et les êtres, tout ce que nous voyons est formé d'atomes invisibles et impondérables. L'univers est un dynamisme. Dieu, c'est l'âme universelle : *in eo vivimus, movemur et sumus.*

« Comme l'âme est la force mouvant le corps, l'Être infini est la force mouvant l'univers! La théorie purement mécanique de l'univers reste incomplète pour l'analyse qui pénètre au fond des choses. La *volonté* humaine est faible, il est vrai, relativement aux forces cosmiques. Cependant, en envoyant un train de Paris à Marseille, un navire de Marseille à Suez, je déplace, librement, une partie infinitésimale de la masse terrestre, et je modifie le cours de la Lune. Aveugles du dix-neuvième siècle, revenez au Cygne de Mantoue : *Mens agitat molem.*

« Si je dissèque la matière, je trouve au fond de tout l'atome invisible : la matière disparaît, s'évanouit en fumée. Si mes yeux avaient la puissance de voir la réalité, ils verraient à travers les murs, formés de molécules séparées, à travers les corps, tourbillons atomiques. Nos yeux de chair ne voient pas ce qui est. C'est avec l'œil de l'esprit qu'il faut voir. Ne nous fions pas à l'unique témoignage de nos sens : il y a autant d'étoiles au-dessus de nos têtes pendant le jour que pendant la nuit.

« Il n'y a dans la nature ni astronomie, ni physique, ni chimie, ni mécanique : ce sont là des méthodes subjectives d'observation. Il n'y a qu'une seule unité. L'infiniment grand est identique à l'infiniment petit. L'espace est infini sans être grand. La durée est éternelle sans être longue. Étoiles et atomes sont un.

« L'unité de l'univers est constituée par la force invisible, impondérable, immatérielle, qui meut les atomes. Si un seul atome cessait d'être mû par la force, l'univers s'arrêterait. La Terre tourne autour du Soleil, le Soleil gravite autour d'un foyer sidéral mobile lui-même; les millions, les milliards de soleils qui peuplent l'univers courent plus vite que les projectiles de la poudre; ces étoiles, qui nous paraissent immobiles, sont des soleils lancés dans le vide éternel à la vitesse de dix, vingt, trente millions de kilomètres par jour, courant tous vers un but ignoré, soleils, planètes, terres, satellites, comètes vagabondes...; le point fixe, le centre de gravité cherché par l'analyste, fuit à mesure qu'on le poursuit et n'existe en réalité nulle part. Les atomes qui constituent les corps se meuvent relativement aussi vite que les étoiles dans le ciel. Le mouvement régit tout, forme tout.

« L'*atome invisible* est le point d'application de la force.

« Ce qui constitue essentiellement l'être humain, ce qui l'organise, ce n'est point sa substance matérielle, ce n'est ni le protoplasma, ni la cellule, ni ces merveilleuses et fécondes associations du carbone avec l'hydrogène, l'oxygène et l'azote: c'est la *Force* animique, invisible, immatérielle. C'est elle qui groupe, dirige et retient associées les innombrables molécules qui composent l'admirable harmonie du corps vivant.

« La matière et l'énergie n'ont jamais été vues séparées l'une de l'autre; l'existence de l'une implique l'existence de l'autre; il y a peut-être identité substantielle de l'une et de l'autre.

« Que le corps se désagrège tout d'un coup après la mort, comme il se désagrège lentement et se renouvelle perpétuellement pendant la vie, peu importe. L'âme demeure. *L'atome psychique organisateur est le centre de cette force.* Lui aussi est indestructible.

« Ce que nous voyons est trompeur. LE RÉEL, C'EST L'INVISIBLE. »

Il se mit à marcher à grands pas. La jeune fille l'avait écouté comme on écoute un apôtre, un apôtre bien-aimé; et quoiqu'il n'eût, en fait, parlé que pour elle, il n'avait pas paru prendre garde à sa présence, tant elle s'était faite immobile et silencieuse. Elle s'approcha de lui et lui prit une main dans les siennes. « Oh! fit-elle, si tu n'as pas encore conquis la Vérité, elle ne t'échappera pas. »

Puis, s'enflammant elle-même et faisant allusion à sa réserve accoutumée sur toutes choses : « Tu crois, ajouta-t-elle, qu'il est impossible à l'homme terrestre d'atteindre la Vérité, parce que nous n'avons que cinq sens et qu'une multitude de manifestations de la nature restent étrangères à notre

esprit, n'ayant aucune voie pour nous arriver. De même que la vue nous serait refusée si nous étions privés du nerf optique, l'audition si nous étions privés du nerf acoustique, etc., de même les vibrations, les manifestations de la force qui passent entre les cordes de notre instrument organique sans faire vibrer celles qui existent, nous restent inconnues. Je te le concède, et j'admets avec toi que les habitants de certains mondes peuvent être incomparablement plus avancés que nous. Mais il me semble que, quoique terrien, tu as trouvé.

— Chère bien-aimée, répliqua-t-il en s'asseyant auprès d'elle sur le vaste divan de la bibliothèque, il est bien certain que notre harpe terrestre manque de cordes, et il est probable qu'un citoyen du système de Sirius se rirait de nos prétentions. Le moindre morceau de fer aimanté est plus fort que Newton et Leibnitz pour trouver le pôle magnétique, et l'hirondelle connaît mieux que Christophe Colomb ou Magellan les variations de latitude. Qu'ai-je dit tout à l'heure? Que les apparences sont trompeuses et qu'à travers la matière notre esprit doit voir la force invisible. C'est ce qu'il y a de plus sûr. La matière n'est pas ce qu'elle paraît, et nul homme instruit des progrès des sciences positives ne pourrait plus aujourd'hui se prétendre matérialiste. Sachons voir l'impalpable et l'immatériel à travers l'opacité des corps.

— Alors, reprit-elle, l'atome psychique cérébral, principe de l'organisme humain, serait immortel, comme tous les atomes d'ailleurs, si l'on admet les assertions fondamentales de la chimie. Mais il différerait des autres par une sorte de rang plus élevé, l'âme lui étant attachée. Et il conserverait la conscience de son existence ? L'âme serait-elle comparable à une substance électrique ? J'ai vu une fois la foudre passer à travers un salon et éteindre les flambeaux. Lorsqu'on les ralluma, on trouva que la pendule avait été dédorée et que le lustre d'argent ciselé avait été doré sur plusieurs points. Il y a là une force subtile.

— Ne faisons pas de comparaisons ; elles resteraient toutes trop éloignées de la réalité. Toute la lumière que la science peut nous apporter sur cette Terre n'est qu'un faible rayon filtrant sous la porte de l'inconnu. Nous *savons* tous que nous mourrons, mais nous ne le *croyons* pas. Eh! comment pourrions-nous le croire? Comment pourrions-nous comprendre la mort, qui n'est qu'un changement d'état du connu à l'inconnu, du visible à l'invisible? Que l'âme existe comme force, c'est ce qui n'est pas douteux. Qu'elle ne fasse qu'un avec l'atome cérébral organisateur, nous pouvons l'admettre. Qu'elle survive ainsi à la dissolution du corps, nous le concevons.

— Mais que devient-elle? Où va-t-elle?

— La plupart des âmes ne se doutent même pas de leur propre existence. Sur les quatorze cents millions d'êtres humains qui peuplent notre planète, les quatre-vingt-dix-neuf centièmes ne pensent pas. Que feraient-ils, grands Dieux! de l'immortalité? Comme la molécule de fer flotte sans le savoir dans le sang qui bat sous la tempe de Lamartine ou d'Hugo, ou bien demeure fixée pour un temps dans l'épée de César; comme la molécule d'hydrogène brille dans le gaz du foyer de l'Opéra ou s'immerge dans la goutte d'eau avalée par le poisson au fond obscur des mers, les atomes vivants qui n'ont jamais pensé sommeillent.

« Les âmes qui pensent restent l'apanage de la vie intellectuelle. Elles conservent le patrimoine de l'humanité et l'accroissent pour l'avenir. Sans cette immortalité des âmes humaines qui ont conscience de leur existence et vivent par l'esprit, toute l'histoire de la Terre ne devrait aboutir qu'au néant, et la création tout entière, celle des mondes les plus sublimes aussi bien que celle de notre infime planète, serait une absurdité décevante, plus misérable et plus idiote que l'excrément d'un ver de terre. Il a sa raison d'être et l'univers ne l'aurait pas! T'imagines-tu les milliards de mondes atteignant les splendeurs de la vie et de la pensée pour se succéder sans fin dans l'histoire de l'univers sidéral, et n'aboutissant qu'à donner naissance à des espérances perpétuellement déçues, à des grandeurs perpétuellement anéanties ? Nous avons beau nous faire humbles, nous ne pouvons admettre le rien comme but suprême du progrès perpétuel, prouvé par toute l'histoire de la nature. Or, les âmes sont les semences des humanités planétaires.

— Peuvent-elles donc se transporter d'un monde à l'autre?

— Rien n'est si difficile à comprendre que ce que l'on ignore; rien n'est plus simple que ce que l'on connaît. Qui s'étonne, aujourd'hui, de voir le télégraphe électrique transporter instantanément la pensée humaine à travers les continents et les mers? Qui s'étonne de voir l'attraction lunaire soulever les eaux de l'Océan et produire les marées? Qui s'étonne de voir la lumière se transmettre d'une étoile à l'autre avec la vitesse de trois cent mille kilomètres par seconde? Au surplus, les penseurs seuls pourraient apprécier la grandeur de ces merveilles; le vulgaire ne s'étonne de rien. Si quelque découverte nouvelle nous permettait d'adresser demain des signaux aux habitants de Mars et d'en recevoir des réponses, les trois quarts des hommes n'en seraient plus surpris après-demain.

« Oui, les forces animiques peuvent se transporter d'un monde à l'autre, non partout ni toujours, assurément, et non toutes. Il y a des lois et des conditions. Ma volonté peut soulever mon bras, lancer une pierre, à l'aide de mes muscles; si je prends un poids de vingt kilos, elle soulèvera encore mon bras; si je veux prendre un poids de mille kilos, je ne le puis plus. Tels esprits sont incapables d'aucune activité; d'autres ont , acquis des facultés transcendantes. Mozart, à six ans, imposait à tous ses auditeurs la puissance de son génie musical et publiait à huit ans ses deux premières œuvres de sonates, tandis que le plus grand auteur dramatique qui ait existé, Shakespeare, n'avait encore écrit avant l'âge de trente ans aucune pièce digne de son nom. Il ne faut pas croire que l'âme appartienne à quelque monde surnaturel. Tout est dans la nature. Il n'y a guère plus de cent mille ans que l'humanité terrestre s'est dégagée de la chrysalide animale; pendant des millions d'années, pendant la longue série historique des périodes primaire, secondaire et tertiaire, il n'y avait pas sur la Terre une seule pensée pour apprécier ces grandioses spectacles, un seul regard humain pour les contempler. Le progrès a lentement élevé les âmes inférieures des plantes et des animaux; l'homme est tout récent sur la planète. La nature est en incessant progrès; l'univers est un perpétuel devenir; l'ascension est la loi suprême....

« Tous les mondes, ajouta-t-il, ne sont pas actuellement habités. Les uns sont à l'aurore, d'autres au crépuscule. Dans notre système solaire, par exemple, Mars, Vénus, Saturne et plusieurs de ses satellites paraissent en pleine activité vitale; Jupiter semble n'avoir pas dépassé sa période primaire; la Lune n'a peut-être plus d'habitants. Notre époque actuelle n'a pas plus d'importance dans l'histoire générale de l'univers que notre fourmilière dans l'infini. Avant l'existence de la Terre, il y a eu, de toute éternité, des mondes peuplés d'humanités; quand notre planète aura rendu le dernier soupir et que la dernière famille humaine s'endormira du dernier sommeil aux bords de la dernière lagune de l'océan glacé, des soleils innombrables brilleront toujours dans l'infini, et toujours il y aura des matins et des soirs, des printemps et des fleurs. des espérances et des joies. Autres soleils, autres terres, autres humanités. L'espace sans bornes est peuplé de tombes et de berceaux. Mais la vie, la pensée, le progrès éternel sont le but final de la création.

« La Terre est le satellite d'une étoile. Actuellement, aussi bien que dans l'avenir, nous sommes citoyens du ciel. Que nous le sachions ou que nous l'ignorions, nous vivons en réalité dans les étoiles. »

Ainsi s'entretenaient les deux amis sur les graves problèmes qui préoccupaient leur pensée. Lorsqu'ils conquéraient une solution, fût-elle incomplète, ils éprouvaient un véritable bonheur d'avoir fait un pas de plus dans la recherche de l'inconnu et pouvaient plus tranquillement ensuite causer des choses habituelles de la vie. C'étaient deux esprits également avides de savoir, s'imaginant, avec toute la ferveur de la jeunesse, pouvoir s'isoler du monde, dominer les impressions humaines et atteindre en leur céleste essor l'étoile de la Vérité qui scintillait au-dessus de leurs têtes dans les profondeurs de l'infini.

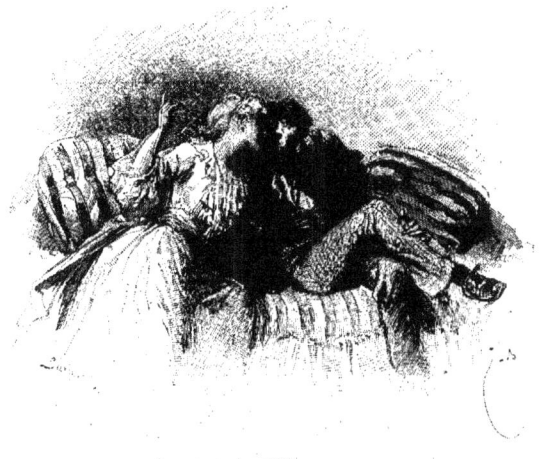

IV

AMOR

Dans cette vie à deux, tout intime, toute charmante qu'elle fût, quelque chose manquait. Ces entretiens sur les formidables problèmes de l'être et du non-être, les échanges d'idées sur l'analyse de l'humanité, les recherches sur le but final de l'existence des choses, les contemplations astronomiques et les questions qu'elles inspirent, satisfaisaient parfois leur esprit, non leur cœur. Lorsque, l'un près de l'autre, ils avaient longuement causé, soit sous le berceau du jardin qui dominait le théâtre de la grande ville, soit dans la bibliothèque silencieuse, l'étudiant, le chercheur, ne pouvait se détacher de sa compagne, et tous deux restaient, la main dans la main, muets, attirés, retenus par une force dominatrice. Il la contemplait, les yeux dans les yeux, n'osant trop longtemps subir un charme trop exquis, inventant un prétexte pour la quitter et soudain se retrouvant auprès d'elle, admirant ce poème de la vie, ces yeux animés d'une lumière céleste, cette bouche idéale, dont la vive coloration faisait penser à la cerise prête à cueillir, cette chair nacrée, opaline, diaphane, où transparaissait parfois soudain la circulation d'un sang vermeil difficilement réprimée par la volonté. Après le départ, l'un et l'autre éprouvaient un vide singulier, douloureux, dans la poitrine, un malaise indéfinissable, comme si quelque lien nécessaire à leur vie mutuelle eût été rompu ; et l'un comme l'autre n'aspirait qu'à l'heure du retour. Il l'aimait, non pour lui, mais pour elle, d'une affection presque imperson-

nelle, dans un sentiment de profonde estime
autant que d'ardent amour, et, par un combat de tous les instants contre les attractions
de la chair, avait su résister. Mais un jour
qu'ils étaient assis l'un près de l'autre, sur
ce grand divan de la bibliothèque encombré
comme d'habitude de livres et de feuilles
volantes, comme ils demeuraient silencieux,
il arriva que, chargée sans doute de tout le
poids des efforts concentrés depuis si longtemps pour résister à une attraction trop
irrésistible, la tête du jeune auteur s'inclina
insensiblement sur les épaules de sa compagne et que, presque aussitôt... leurs
lèvres se rencontrèrent..................

O joies inénarrables de l'amour partagé!
Ivresse insatiable de l'être altéré de bonheur,
transports sans fin de l'imagination invaincue, douce musique des cœurs, à quelles
hauteurs éthérées n'avez-vous pas élevé les
élus abandonnés à vos félicités suprêmes!
Subitement oublieux de la terre inférieure,
ils s'envolent à tire-d'aile dans les paradis
enchantés, se perdent dans les profondeurs

célestes et planent dans les régions sublimes de l'éternelle volupté. Le monde avec ses comédies et ses misères n'existe plus pour eux. Félicité radieuse! ils vivent dans la lumière, dans le feu, salamandres, phénix, dégagés de tout poids, légers comme la flamme, se consumant eux-mêmes, renaissant de leurs cendres, toujours lumineux, toujours ardents, invulnérables, invincibles.

L'expansion si longuement contenue de ces premiers transports jeta les deux amants dans une vie d'extase qui leur fit un instant oublier la métaphysique et ses problèmes. Cet instant dura six mois. Le plus doux, mais le plus impérieux des sentiments était venu compléter en eux les insuffisantes satisfactions intellectuelles de l'esprit, et les avait tout d'un coup absorbées, presque anéanties. A dater du jour du baiser, Georges Spero, non seulement disparut entièrement de la scène du monde, mais encore cessa d'écrire, et je le perdis de vue moi-même, malgré la longue et réelle affection qu'il m'avait témoignée. Des logiciens eussent pu en conclure que, pour la première fois de sa vie, il était satisfait, et qu'il avait trouvé la solution du grand problème, le but suprême de l'existence des êtres.

Ils vivaient de cet « égoïsme à deux » qui, en éloignant l'humanité de notre centre optique, diminue ses défauts et la fait paraître plus aimable et plus belle. Satisfaits de leur affection mutuelle, tout chantait pour eux, dans la nature et dans l'humanité, un perpétuel cantique de bonheur et d'amour.

Bien souvent le soir ils allaient, suivant le cours de la Seine, contempler en rêvant les merveilleux effets de lumière et d'ombre qui décorent le ciel de Paris, si admirable au crépuscule, à l'heure où les silhouettes des tours et des édifices se projettent en noir sur le fond lumineux de l'occident. Des nuées roses et empourprées, illuminées par le reflet lointain de la mer sur laquelle brille précisément à cette heure le soleil disparu, donnent à notre ciel un caractère spécial, qui n'est plus celui de Naples baigné à l'occident par le miroir méditerranéen, mais qui peut-être surpasse celui de Venise, dont l'illumination est orientale et pâle. Soit que, leurs pas les ayant conduits vers l'île antique de la Cité, ils descendissent le cours du fleuve en passant en vue de Notre-Dame et du vieux Châtelet qui profilait sa noire silhouette devant le ciel clair et lumineux, soit que, plutôt encore, attirés par l'éclat du couchant et par la campagne, ils eussent descendu les quais jusqu'au delà des remparts de l'immense cité et se fussent égarés jusqu'aux solitudes de Boulogne et de Billancourt, fermées par les coteaux noirs de Meudon et de Saint-Cloud, ils contemplaient la nature, ils oubliaient la ville bruyante perdue derrière eux, et marchant d'un même pas, ne formant qu'un seul être, recevaient en même temps les mêmes impressions, pensaient les mêmes pensées, et, en silence, parlaient le même langage. Le fleuve coulait à leurs pieds, les bruits du jour s'éteignaient, les premières étoiles brillaient au ciel. Icléa aimait à les nommer à Georges à mesure qu'elles apparaissaient.

Mars et avril offrent souvent à Paris de douces soirées dans lesquelles circule le premier souffle avant-coureur du printemps. Les brillantes étoiles d'Orion, l'éblouissant Sirius, les Gémeaux Castor et Pollux scintillent dans le ciel immense ; les Pléiades

s'abaissent vers l'horizon occidental, mais Arcturus et le Bouvier, pasteur des troupeaux célestes, reviennent, et quelques heures plus tard la blanche et resplendissante Véga s'élève de l'horizon oriental, bientôt suivie par la Voie lactée. Arcturus aux rayons d'or était toujours la première étoile reconnue, par son éclat perçant et par sa position dans le prolongement de la queue de la Grande Ourse. Parfois, le croissant lunaire planait dans le ciel occidental et la jeune contemplatrice admirait, comme Ruth auprès de Booz, « cette faucille d'or dans le champ des étoiles ».

Les étoiles enveloppent la Terre ; la Terre est dans le ciel. Spero et sa compagne le sentaient bien, et sur aucune autre terre céleste, peut-être, aucun couple ne vivait plus intimement qu'eux dans le ciel et dans l'infini.

Insensiblement, pourtant, sans peut-être s'en apercevoir lui-même, le jeune philosophe reprit, graduellement, par fragments morcelés, ses études interrompues, analysant maintenant les choses avec un profond sentiment d'optimisme qu'il n'avait pas encore connu malgré sa bonté naturelle, éliminant les conclusions cruelles, parce qu'elles lui semblaient dues à une connaissance incomplète des causes, contemplant les panoramas de la nature et de l'humanité dans une nouvelle lumière. Elle avait repris aussi, du moins partiellement, les études qu'elle avait commencées en commun avec lui; mais un sentiment nouveau, immense, remplissait son âme, et son esprit n'avait plus la même liberté pour le travail intellectuel. Absorbée dans cette affection de tous les instants pour un être qu'elle avait entièrement conquis, elle ne voyait que par lui, n'agissait que pour lui. Pendant les heures calmes du soir, lorsqu'elle se mettait au piano, soit pour jouer un nocturne de Chopin qu'elle s'étonnait de n'avoir pas compris avant d'aimer, soit pour s'accompagner en chantant de sa voix si pure et si étendue les lieder norvégiens de Grieg et de Bull, ou les mélodies de Schumann, il lui semblait, à son insu, peut-être, que son bien-aimé était le seul auditeur capable d'entendre ces inspirations du cœur. Quelles heures délicieuses il passa, dans cette vaste bibliothèque de la maison de Passy, étendu sur un divan, suivant parfois du regard les capricieuses volutes de la fumée d'une cigarette d'Orient, tandis qu'abandonnée aux réminiscences de sa fantaisie, elle chantait le doux

Saetergientens Sondag de son pays, la sérénade de *Don Juan*, le *Lac* de Lamartine, ou bien lorsque, laissant courir ses doigts

habiles sur le clavier, elle faisait s'envoler dans l'air le mélodieux rêve du menuet de Boccherini!

Le printemps était venu. Le mois de mai avait vu s'ouvrir, à Paris, les fêtes de l'Exposition universelle dont nous parlions au début de ce récit, et les hauteurs du jardin de Passy abritaient l'Éden du couple amoureux. Le père d'Icléa, qui avait été appelé subitement en Tunisie, était revenu avec une collection d'armes arabes pour son musée de Christiania. Son intention était de retourner bientôt en Norvège, et il avait été convenu entre la jeune Norvégienne et son ami que leur mariage aurait lieu dans sa patrie, à la date anniversaire de la mystérieuse apparition.

Leur amour était, par sa nature même, bien éloigné de toutes ces unions banales fondées, les unes sur le grossier plaisir sensuel ou sur le désœuvrement mondain et les caprices d'un moment, les autres sur des intérêts plus ou moins déguisés, qui représentent la plupart des amours humaines.

Leur esprit cultivé les isolait dans les régions supérieures de la pensée ; la délicatesse de leurs sentiments les maintenait dans une atmosphère idéale où tous les poids de la matière étaient oubliés ; l'extrême impressionnabilité de leurs nerfs, l'exquise finesse de toutes leurs sensations, les plongeaient en des extases dont la volupté semblait infinie. Si l'on aime, en d'autres mondes, l'amour n'y peut être ni plus profond ni plus exquis. Ils eussent été tous deux, pour un physiologiste, le témoignage vivant du fait que, contrairement à l'appréciation vulgaire, toutes les jouissances viennent du cerveau, l'intensité des sensations correspondant à la sensibilité psychique de l'être.

Paris était pour eux, non pas une ville, non pas un monde, mais le théâtre de l'histoire humaine. Déjà ils avaient passé de longues heures au milieu de nos admirables musées, surtout parmi les chefs-d'œuvre anciens et modernes de notre grand Louvre, où l'Art semble avoir éternisé toute l'histoire de la pensée humaine exprimée en monuments impérissables. Ces merveilleuses galeries du Louvre ont gardé, plus encore que celles de Versailles, l'atmosphère des royales splendeurs. Ils aimaient à s'y rencontrer, puis de là allaient revivre, au sein des vestiges du vieux Paris, les siècles depuis longtemps disparus. Les vieux quartiers, non encore détruits par les transformations modernes, la Cité avec Notre-Dame, Saint-Julien-le-Pauvre, dont les murs rappellent encore Chilpéric et Frédégonde, les demeures antiques où habitèrent Albert le Grand, le Dante, Pétrarque, Abailard, la vieille Université, antérieure à la Sorbonne, et des mêmes temps évanouis, le cloître Saint-Merry avec ses ruelles sombres, l'abbaye de Saint-Martin, la tour de Clovis sur la montagne Sainte-Geneviève, Saint-Germain-des-Prés, souvenir des Mérovingiens, Saint-Germain-l'Auxerrois, dont la cloche sonna le tocsin de la Saint-Barthélemy, l'angélique Chapelle du palais de Louis IX; tous les souvenirs de l'histoire de France furent l'objet de leurs pèlerinages. Au milieu des foules, ils s'isolaient dans la contemplation du passé et voyaient ce que presque personne ne sait voir.

Ainsi l'immense cité leur parlait son langage d'autrefois, soit, lorsque, perdus parmi les chimères, les griffons, les piliers, les chapiteaux, les arabesques des tours et des galeries de Notre-Dame, ils voyaient à leurs pieds la ruche humaine s'endormir dans la brume du soir, soit lorsque, s'élevant plus haut encore, ils cherchaient, du sommet du Panthéon, à reconstituer l'ancienne forme de Paris et son développement séculaire, depuis les empereurs romains qui habitaient les Thermes jusqu'à Philippe Auguste et à ses successeurs. Le soleil du printemps, les lilas en fleur, les joyeuses matinées de mai, pleines de chants d'oiseaux et d'excitations nerveuses, les jetaient parfois loin de Paris, à l'aventure, dans les prairies et dans les bois. Les heures s'envolaient comme le souffle des brises; la journée avait disparu comme un songe, et la nuit continuait le divin rêve d'amour. Dans le monde tourbillonnant de Jupiter, où les jours et les nuits sont plus de deux fois plus rapides qu'ici et ne durent même pas dix heures, les amants ne voient pas les heures s'évanouir plus vite. La mesure du temps est en nous.

Un soir, ils étaient tous deux assis sur le toit, sans parapet, de la vieille tour du château de Chevreuse, serrés l'un près de l'autre au centre, d'où l'on domine sans obstacle tout le paysage environnant. L'air tiède de la vallée montait jusqu'à eux, tout imprégné des parfums sauvages des bois voisins; la fauvette chantait encore, et le rossignol essayait, dans l'ombre naissante des bosquets, son mélodieux cantique aux étoiles. Le soleil venait de se coucher dans un éblouissement d'or et d'écarlate, et l'occident seul restait illuminé d'une lumière encore intense. Tout semblait s'endormir au sein de l'immense nature.

Un peu pâle, mais éclairée par la lumière du ciel occidental, Icléa semblait pénétrée par le jour et illuminée intérieurement, tant sa chair était blanche et comme transparente. Ses yeux noyés de vaporeuse langueur, sa petite bouche enfantine, légèrement entr'ouverte, elle paraissait perdue dans la contemplation de la lumière occidentale. Appuyée contre la poitrine de Spero, les bras enlacés autour de son cou, elle s'abandonnait à sa rêverie, lorsqu'une étoile filante vint traverser le ciel précisément au-dessus de la tour. Elle tressaillit, un peu superstitieuse. Déjà les plus brillantes étoiles apparaissaient dans la profondeur des cieux : très haut, presque au zénith, Arcturus, d'un jaune d'or éclatant; vers l'Orient, assez élevée, Véga, d'une pure blancheur; au nord, Capella; à l'occident, Castor, Pollux et Procyon. On commençait aussi à distinguer les sept étoiles de la

Grande Ourse, l'Épi de la Vierge, Régulus. Insensiblement, une à une, les étoiles venaient ponctuer le firmament. L'étoile polaire indiquait le seul point immuable de la sphère céleste. La lune se levait, son disque rou-

geâtre légèrement entamé par la phase décroissante. Mars brillait entre Pollux et Régulus, au sud-ouest; Saturne au sud-est. Le crépuscule faisait lentement place au mystérieux règne de la nuit.

« Ne trouves-tu pas, fit-elle, que tous ces astres sont comme des yeux qui nous regardent?

— Des yeux célestes comme les tiens. Que peuvent-ils voir sur la Terre de plus beau que toi... et que notre amour?

— Pourtant! ajouta-t-elle.

— Oui, pourtant, le monde, la famille, la société, les usages, les lois de la morale, que sais-je encore? j'entends tes pensées. Nous avons oublié toutes ces choses pour n'obéir qu'à l'attraction, comme le Soleil, comme tous ces astres, comme le rossignol qui chante, comme la nature entière. Bientôt nous ferons à ces usages sociaux la part qui leur appartient, et nous pourrons proclamer ouvertement notre amour. En serons-nous plus heureux? Est-il possible d'être plus heureux que nous le sommes en ce moment même?

— Je suis à toi, reprit-elle. Pour moi, je n'existe pas; je suis anéantie dans ta lumière, dans ton amour, dans ton bonheur, et je ne désire rien, rien de plus. Non. Je songeais à ces étoiles, à ces yeux qui nous regardent, et je me demandais où sont aujourd'hui tous les yeux humains qui les ont contemplées, depuis des milliers d'années, comme nous le faisons ce soir, où sont tous les cœurs qui ont battu comme bat en ce moment notre cœur, où sont toutes les âmes qui se sont confondues en des baisers sans fin dans le mystère des nuits disparues!

— Ils existent tous. Rien ne peut être détruit. Nous associons le ciel et la terre, et nous avons raison. Dans tous les siècles, chez tous les peuples, parmi toutes les croyances, l'humanité a toujours demandé à ce ciel étoilé le secret de ses destinées. C'était là une sorte de divination. La Terre est un astre du ciel, comme Mars et Saturne, que nous voyons là-bas, terres du ciel, obscures, éclairées par le même soleil que nous, et comme toutes ces étoiles, qui sont de lointains soleils. Ta pensée traduit ce que l'humanité a pensé depuis qu'elle existe. Tous les regards ont cherché dans le ciel la réponse à la grande énigme, et, dès les premiers jours de la mythologie, c'est Uranie qui a répondu.

« Et c'est elle, cette divine Uranie, qui répondra toujours. Elle tient dans ses mains le ciel et la terre ; elle nous fait vivre dans l'infini..... Et puis, en personnifiant en elle l'étude de l'univers, le sentiment poétique de nos pères ne paraît-il pas avoir voulu compléter la science par la vie, la grâce et l'amour ? Elle est la muse par excellence. Sa beauté semble nous dire que, pour comprendre vraiment l'astronomie et l'infini, il faut... être amoureux. »

La nuit allait venir. La lune, s'élevant lentement dans le ciel oriental, répandait dans l'atmosphère une clarté qui, insensiblement, se substituait à celle du crépuscule, et déjà dans la ville, à leurs pieds, au-dessous des bosquets et des ruines, quelques lumières apparaissaient çà et là. Ils s'étaient relevés et se tenaient debout, au centre du sommet de la tour, étroitement enlacés. Elle était belle, encadrée dans l'auréole de sa chevelure dont les boucles flottaient sur ses épaules. Des bouffées d'air printanier, imprégnées de parfums, violettes, giroflées, lilas, roses de mai, montaient des jardins voisins ;

Ils s'envolaient souvent loin de l'agitation humaine....

les tièdes voluptés des nuits mélancoliques s'élevaient vers les étoiles avec ces parfums et ces brises. La solitude et le silence les environnaient. Un long baiser, le centième au moins, de cette caressante journée de printemps, réunit leurs lèvres.

Elle rêvait encore. Un sourire fugitif illumina soudain son visage et s'en alla, s'évanouissant comme une image qui passe.

« A quoi penses-tu? dit-il.

— Oh! rien. Une idée mondaine, profane, un peu légère. Rien.

— Mais quoi? fit-il, en la reprenant dans ses bras.

— Eh bien! je me demandais si... dans ces autres mondes, on a une bouche,... car, vois-tu, le baiser! les lèvres!... »

Ainsi se passaient les heures, les jours, les semaines, les mois, en une union intime de toutes leurs pensées, de toutes leurs sensations, de toutes leurs impressions. Guidés tous deux par un égal dédain des passions vulgaires et par une recherche instinctive des plus beaux cadres que la nature terrestre pouvait offrir au divin roman de leurs cœurs, ils s'envolaient souvent loin de l'agitation humaine, vers les solitudes profondes des bois ou vers les sublimes spectacles de la mer. Les ravins ombreux de la forêt de Fontainebleau, les rives calmes et riantes de la Seine qui la borde, les solitudes sauvages tapissées de bruyères et de fougères, le ruisseau murmurant des Vaux de Cernay, le parc solitaire de Rambouillet, les vieilles tours féodales d'Étampes et de Montlhéry, l'embouchure de la Seine au Havre, les vallons de Sainte-Adresse, le cap de la Hève dominant l'immense horizon de la mer, les falaises verdoyantes de Granville jetées au-dessus de l'abîme, les antiques remparts du Mont-Saint-Michel enveloppés par le flot des marées et les merveilles de son abbaye lancée vers les nues, servirent tour à tour de théâtre à leurs excursions curieuses, dans lesquelles, comme deux oiseaux avides de liberté et d'amour, ils allaient rêver, chanter, s'endormir, rêver et chanter encore. Intenses clairs de lune à la lumière nacrée,

Les falaises verdoyantes de Granville jetées
au-dessus de l'abîme....

couchers du soleil aux flamboiements d'or, et vous, silencieuses étoiles de la nuit qui scintillez au-dessus de la mer profonde, jamais regards plus enchantés n'ont été ouverts devant vous, jamais cœurs humains n'ont palpité en communion plus intime avec l'éternel souffle d'Amour qui mène le monde.

Oui, ainsi passèrent comme un doux rêve les mois de ce délicieux printemps, de cet ardent été. Le soleil de juillet avait déjà brillé à son solstice, et le moment du départ pour la patrie d'Icléa était arrivé. A l'époque fixée, elle partit avec son père pour Christiania. Mais pouvaient-ils rester longtemps séparés? Si, en arithmétique, un et un font deux, il est bien vrai de dire qu'en amour, un et un font un.

Spero les suivit quelques jours plus tard. L'intention du jeune savant était de passer en Norvège les mois d'août et septembre et d'y continuer les études qu'il avait entreprises l'année précédente sur l'électricité atmosphérique et les aurores boréales, observations si particulièrement intéressantes pour lui, et qu'il avait eu à peine le temps de commencer.

Ce séjour en Norvège fut la continuation du plus doux des rêves. Ils visitèrent ensemble ces lacs solitaires et silencieux, ces collines sauvages couvertes de bruyères, ces vastes et mélancoliques paysages qui rappellent l'Écosse chantée par Ossian sur la lyre des bardes antiques. Tout leur parlait d'infini et d'amour. La blonde fille du Nord enveloppait son ami d'une auréole de séduction perpétuelle qui peut-être lui eût fait oublier pour toujours les attractions de la science, si elle-même n'avait eu, comme nous l'avons vu, un goût personnel insatiable pour l'étude.

Les expériences que l'infatigable chercheur avait entreprises, l'intéressèrent autant que lui, et elle ne tarda pas à y prendre part, s'associant avec passion, comme un aide dévoué, à ses recherches curieuses. Elle aussi voulut se rendre compte de la nature de ces flammes mystérieuses de l'aurore boréale qui viennent le soir palpiter dans les hauteurs de l'atmosphère, et comme la série de ces recherches le conduisaient à désirer une ascension en ballon destinée à aller surprendre le phénomène jusque dans sa source, elle aussi éprouva le même désir. Il essaya de l'en dissuader, ces expériences aéronautiques n'étant pas sans danger. Mais l'idée seule d'un péril à partager eût suffi pour la rendre sourde aux supplications du bien-aimé. Après de longues hésitations, Spero se décida à l'emmener avec lui et prépara, à l'université de Christiania, une ascension pour la première nuit d'aurore boréale.

V

L'AURORE BORÉALE

Les perturbations de l'aiguille aimantée avaient annoncé l'arrivée de l'aurore avant même le coucher du soleil, et l'on avait commencé le gonflement de l'aérostat au gaz hydrogène pur, lorsqu'en effet le ciel laissa apercevoir dans le nord magnétique cette coloration d'or vert transparente qui est toujours l'indice certain d'une aurore boréale. En quelques heures les préparatifs furent terminés. L'atmosphère, entièrement dégagée de tout nuage, était d'une limpidité parfaite, les étoiles scintillaient dans les cieux, au sein d'une obscurité profonde, sans clair de lune, atténuée seulement vers le nord par une douce lumière s'élevant en arc au-dessus d'un segment obscur, et lançant dans les hauteurs de l'atmosphère de légers jets roses et un peu verts qui semblaient les palpitations d'une vie inconnue. Le père d'Icléa, qui assistait au gonflement du ballon, ne se doutait point du départ de sa fille; mais au dernier moment elle entra dans la nacelle comme pour la visiter, Spero fit un signe, et l'aérostat s'éleva lentement, majestueusement, au-dessus de la ville de Christiania, qui apparut, éclairée de milliers de lumières, au-dessous des deux voyageurs aériens, et diminua de grandeur en s'éloignant dans la noire profondeur.

Bientôt l'esquif céleste, emporté par une ascension oblique, plana au-dessus des noires campagnes, et les clartés pâlissantes disparurent. Le bruit de la ville s'était éloigné en

L'aérostat s'éleva lentement, majestueusement,
au-dessus de la ville de Christiania....

même temps, un profond silence, le silence absolu des hauteurs, enveloppa le navire aérien. Impressionnée par ce silence sans égal, peut-être surtout par la nouveauté de sa situation, Icléa se serrait contre la poitrine de son téméraire ami. Ils montaient rapidement. L'aurore boréale semblait descendre, en s'étendant sous les étoiles comme une ondoyante draperie de moire d'or et de pourpre, parcourue de frémissements électriques. A l'aide d'une petite sphère de cristal habitée par des vers luisants, Spero observait ses instruments et inscrivait leurs indications correspondantes aux hauteurs atteintes. L'aréonef montait toujours. Quelle immense joie pour le chercheur ! Il allait, dans quelques minutes, planer à la cime de l'aurore boréale, il allait trouver la réponse à la question de la hauteur de l'aurore, vainement posée par tant de physiciens, et surtout par ses maîtres aimés, les deux grands « psychologues et philosophes » Œrsted et Ampère.

L'émotion d'Icléa était calmée. « As-tu donc eu peur ? lui demanda son ami.

L'aérostat est sûr. Aucun accident n'est à craindre. Tout est calculé. Nous descendrons dans une heure. Il n'y a pas l'ombre de vent à terre.

— Non, fit-elle, tandis qu'une lueur céleste l'illuminait d'une transparente clarté rose ; mais c'est si étrange, c'est si beau, c'est si divin ! Et c'est si grand pour moi si petite ! J'ai un instant frissonné. Il me semble que je t'aime plus que jamais.... »

Et, jetant ses bras autour de son cou, elle l'embrassa dans une étreinte passionnée, longue, sans fin.

L'aérostat solitaire voguait en silence dans les hauteurs aériennes, sphère de gaz transparent enfermée dans une mince enveloppe de soie, dont on pouvait reconnaître, de la nacelle, les zones verticales allant se joindre au sommet, au cercle de la soupape, la partie inférieure du ballon restant largement ouverte pour la dilatation du gaz. L'obscure clarté qui tombe des étoiles, dont parle Corneille, eût suffi, à défaut des lueurs de l'aurore boréale, pour permettre de distinguer l'ensemble de l'esquif aérien. La nacelle, suspendue au filet qui enveloppait la sphère de soie, était attachée à l'aide de huit cordes solides tissées dans l'osier de la nacelle et passant sous les pieds des aéronautes. Le silence était profond, solennel; on aurait pu entendre les battements de leurs cœurs. Les derniers bruits de la terre avaient disparu. On voguait à cinq mille mètres de hauteur, avec une vitesse inconnue, le vent supérieur emportant le navire aérien sans qu'on en ressentit le moindre souffle dans la nacelle, puisque le ballon est immergé dans l'air qui marche, comme une simple molécule relativement immobile dans le courant qui l'emporte. Seuls habitants de ces régions sublimes, nos deux voyageurs jouissaient de cette situation d'exquise félicité que les aéronautes connaissent lorsqu'ils ont respiré cet air vif et léger, dominé les régions basses, oublié dans ce silence des espaces toutes les vulgarités de la vie terrestre; et mieux que nul de leurs devanciers ils l'appréciaient, cette situation unique, en la doublant, en la décuplant par le sentiment de leur propre bonheur. Ils parlaient à voix basse, comme s'ils eussent craint d'être entendus des anges et de voir s'évanouir le charme magique qui les tenait suspendus dans le voisinage du ciel.... Parfois des lueurs subites, des rayons de l'aurore boréale, venaient les frapper, puis tout retombait dans une obscurité plus profonde et plus insondable.

Ils voguaient ainsi dans leur rêve étoilé, lorsqu'un bruit soudain vint frapper leurs oreilles, comme un sifflement sourd. Ils écoutèrent, se penchèrent au-dessus de la nacelle, prêtèrent l'oreille. Ce bruit ne venait pas de la terre. Était-ce un murmure électrique de l'aurore boréale ? était-ce quelque orage magnétique dans les hauteurs? Des éclairs semblaient arriver du fond de l'espace, les envelopper et s'évanouir. Ils écoutèrent, haletants. Le bruit était tout près d'eux.... C'était le gaz qui s'échappait de l'aérostat.

Soit que la soupape se fût entr'ouverte d'elle-même, soit que dans leurs mouvements ils eussent exercé une pression sur la corde, le gaz fuyait !

Spero s'aperçut vite de la cause de ce bruit inquiétant, mais ce fut avec terreur, car il était impossible de refermer la soupape. Il examina le baromètre, qui commençait à remonter lentement : l'aérostat commençait donc à descendre. Et la chute, d'abord lente, mais inévitable, devait aller en s'accroissant dans une proportion mathématique. Sondant l'espace inférieur, il vit les flammes de l'aurore boréale se refléter dans le limpide miroir d'un lac immense.

Le ballon descendait avec vitesse et n'était plus qu'à trois mille mètres du sol. Conservant en apparence tout son calme, mais ne se faisant aucune illusion sur l'imminence de la catastrophe, le malheureux aéronaute jeta successivement par-dessus bord les deux sacs de lest qui restaient, les couvertures, les instruments, l'ancre, et mit la nacelle à vide ; mais cet allègement insuffisant ne servit qu'à ralentir un instant la vitesse acquise. Descendant, ou plutôt tombant maintenant avec une rapidité inouïe, le ballon arriva vite à quelques centaines de mètres seulement au-dessus du lac. Un vent intense se mit à souffler de bas en haut et à siffler à leurs oreilles.

L'aérostat tourbillonna sur lui-même, comme emporté par une trombe. Tout d'un coup, Georges Spero sentit une étreinte violente, un long baiser sur les lèvres : « Mon Maître, mon Dieu, mon Tout, je t'aime! » s'écria-t-elle. Et, écartant deux cordes, elle se précipita dans le vide.

Le ballon délesté remonta comme une flèche : Spero était sauvé.

La chute du corps d'Icléa dans l'eau profonde du lac produisit un bruit sourd, étrange, effroyable, au milieu du silence de la nuit. Fou de douleur et de désespoir, sentant ses cheveux hérissés sur son crâne, ouvrant les yeux pour ne rien voir, remporté par l'aérostat à plus de mille mètres de hauteur, il se suspendit à la corde de la soupape, dans l'espérance de retomber tout de suite vers le point de la catastrophe; mais la corde ne fonctionna pas. Il chercha, tâtonna sans résultat. Sous sa main, il rencontra la voilette de sa bien-aimée, qui était restée accrochée à l'une des cordes, légère

Écartant deux cordes, elle se précipita dans le vide....

voilette parfumée, encore tout empreinte de l'odeur enivrante de sa belle compagne; il regarda bien les cordes, crut retrouver l'empreinte des petites mains crispées, et, posant ses mains à la place où quelques secondes auparavant Icléa avait posé les siennes, il s'élança.

Un instant, son pied resta pris dans un cordage; mais il eut la force de se dégager et tomba dans l'espace en tourbillonnant.

Un bateau pêcheur, qui avait assisté à la fin du drame, avait fait force voiles vers le point du lac où la jeune fille s'était précipitée et était parvenu à la retrouver et à la recueillir. Elle n'était pas morte. Mais tous les soins qui lui furent prodigués n'empêchèrent pas la fièvre de la saisir et d'en faire sa proie. Les pêcheurs arrivèrent dans la matinée à un petit port des bords du lac et la transportèrent dans leur modeste chaumière, sans qu'elle reprît connaissance. « Georges! disait-elle, en ouvrant les yeux, Georges! » et c'était tout. Le lendemain, elle entendit la cloche du village sonner un glas funèbre. « Georges! répétait-elle, Georges! » On avait retrouvé son corps, à l'état de bouillie informe, à quelque distance du rivage; sa chute, de plus de mille mètres de hauteur, avait commencé au-dessus du lac, mais le corps, gardant la vitesse horizontale acquise par l'aérostat, n'était pas tombé verticalement : il était descendu obliquement, comme s'il eût glissé le long d'un fil suivant le ballon dans sa marche, et était tombé, masse précipitée du ciel, dans une prairie bordant les rives du lac, avait marqué profondément son empreinte dans le sol et avait rebondi à plus d'un mètre du point de chute; mais ses os eux-mêmes étaient broyés en poussière, et le cerveau s'était échappé du front. Sa fosse était à peine refermée, que l'on dut creuser à côté d'elle celle d'Icléa, morte en répétant d'une voix éteinte : « Georges ! Georges ! »

Une seule pierre recouvrit leurs deux tombes, et le même saule étendit son ombre sur leur sommeil. Aujourd'hui encore, les riverains du beau lac de Tyrifiorden conservent dans leur cœur le mélancolique souvenir de la catastrophe, devenue presque légendaire, et l'on ne montre pas la pierre sépulcrale au voyageur sans associer à leur mémoire le regret d'un doux songe évanoui.

VI

LE PROGRÈS ÉTERNEL

Les jours, les semaines, les mois, les saisons, les années, passent vite sur cette planète, et sans doute aussi sur les autres. Plus de vingt fois déjà la Terre a parcouru sa révolution annuelle autour du Soleil, depuis le jour où la destinée ferma si tragiquement le livre que mes deux jeunes amis lisaient depuis moins d'une année; leur bonheur fut rapide, leur matin s'évanouit comme une aurore. Je les avais, sinon oubliés[1], du moins perdus de vue, lorsque tout récemment, dans une séance d'hypnotisme, à Nancy, où je m'arrêtai quelques jours en me rendant dans les Vosges, je me trouvai conduit à questionner un « sujet » à l'aide duquel les savants expérimentateurs de l'Académie Stanislas avaient obtenu quelques-uns de ces résultats véritablement stupéfiants dont la presse scientifique nous entretient depuis quelques années. Je ne sais plus comment il arriva que la conversation s'établit entre lui et moi sur la planète Mars.

---

1. Il y a parfois des coïncidences bizarres. Le jour où Spero fit l'ascension qui devait lui être si fatale, je savais qu'il s'était élancé dans les airs, par l'agitation extraordinaire de l'aiguille aimantée qui, à Paris où j'étais resté, annonçait l'existence de l'intense aurore boréale si anxieusement attendue par lui pour ce voyage aérien. On sait en effet que les aurores boréales se manifestent au loin par les perturbations magnétiques. Mais ce qui me surprit le plus, et ce dont je n'ai pas encore eu l'explication, c'est qu'à l'heure même de la catastrophe j'éprouvai un malaise indéfinissable, puis une sorte de pressentiment qu'un malheur lui était arrivé. La dépêche qui m'annonça sa mort m'y trouva presque préparé.

Après m'avoir fait la description d'une contrée riveraine d'une mer connue des astronomes sous le nom de « mer du Sablier » et d'une île solitaire qui s'élève au sein de cet océan, après m'avoir décrit les paysages pittoresques et la végétation rougeâtre qui ornent ces rivages, les falaises battues par les flots et les plages sablonneuses où viennent expirer les vagues, ce sujet, d'une sensibilité extrême, pâlit tout d'un coup et porta la main à son front; ses yeux se fermèrent, ses sourcils se rapprochèrent; il semblait vouloir saisir une idée fugitive qui s'obstinait à fuir. « *Voyez!* s'écria le docteur B... en se posant devant lui comme un ordre inéluctable. *Voyez!* je le veux.

— Vous avez là des amis, me dit-il.

— Cela ne me surprend pas trop, répliquai-je en riant, j'ai assez fait pour eux.

— Deux amis, ajouta-t-il, qui, en ce moment, parlent de vous.

— Oh! oh! des gens qui me connaissent?

— Oui.

— Et comment cela?

— Ils vous ont connu ici.

— Ici ?

— Ici, sur la Terre.

— Ah! Y a-t-il longtemps.

— Je ne sais pas.

— Habitent-ils Mars depuis longtemps

— Je ne sais pas.

— Sont-ils jeunes?

— Oui, ce sont deux amoureux qui s'adorent. »

Alors les images charmantes de mes amis regrettés se retracèrent toutes vives dans ma pensée. Mais je ne les eus pas plus tôt revus, que le sujet s'écria, cette fois d'une voix plus sûre :

« Ce sont eux!

— Comment le savez vous?

— Je le vois. Ce sont les mêmes âmes. Mêmes couleurs.

— Comment, mêmes couleurs?

— Oui, les âmes sont lumière. »

Quelques instants après il ajouta :

« Pourtant, il y a une différence. »

Puis il resta silencieux, le front tout chercheur. Mais, son visage reprenant tout son calme et toute sa sérénité, il ajouta :

« Lui est devenu elle, la femme. Elle est maintenant lui, l'homme. Et ils s'aiment encore plus qu'autrefois. »

Comme s'il n'eût pas compris lui-même ce qu'il venait de dire, il sembla chercher une explication, fit de pénibles efforts, à en juger par la contraction de tous les muscles de son visage, et tomba dans une sorte de catalepsie, d'où le docteur B... ne tarda pas à le délivrer. Mais l'instant de lucidité avait fui et ne revint plus.

Je livre, en terminant, ce dernier fait aux lecteurs de ce récit, tel qu'il s'est passé sous mes yeux, et sans commentaires. D'après l'hypothèse actuellement admise par plusieurs hypnotistes, le sujet avait-il subi l'influence de ma propre pensée, lorsque le professeur lui ordonna de me répondre? Ou, plus indépendant, s'était-il véritablement « dégagé » et avait-il *vu* au delà de notre sphère? Je ne me permettrai pas de décider. Peut-être le saura-t-on par la suite de ce récit.

Cependant j'avouerai en toute sincérité que la renaissance de mon ami et de son adorée compagne sur ce monde de Mars, séjour voisin du nôtre, et si remarquablement semblable à celui que nous habitons, mais plus ancien et plus avancé sans doute dans la voie du progrès, peut paraître aux yeux du penseur la continuation logique et naturelle de leur existence terrestre si rapidement brisée.

Sans doute Spero était-il dans le vrai en déclarant que la matière n'est pas ce qu'elle paraît être, que les apparences sont mensongères, que le réel c'est l'invisible, que la force animique est indestructible, que dans l'absolu l'infiniment grand est identique à l'infiniment petit, que les espaces célestes ne sont pas infranchissables, et que les âmes sont les semences des humanités planétaires. Qui sait si la philosophie du dynamisme ne révélera pas un jour aux apôtres de l'astronomie la religion de l'avenir? URANIE ne porte-t-elle pas le flambeau sans lequel tout problème est insoluble, sans lequel toute la nature resterait pour nous dans une impénétrable obscurité?

Le Ciel doit expliquer la Terre, l'infini doit

expliquer l'âme et ses facultés immatérielles.

L'inconnu d'aujourd'hui est la vérité de demain.

Les pages suivantes vont peut-être nous laisser pressentir le lien mystérieux qui réunit le transitoire à l'éternel, le visible à l'invisible, la terre au ciel.

LIVRE III
Ciel et Terre

I

TÉLÉPATHIE

La séance magnétique de Nancy avait laissé une vive impression dans ma pensée. Bien souvent je songeais à mon ami disparu, à ses investigations dans les domaines inexplorés de la nature et de la vie, à ses recherches analytiques sincères et originales sur le mystérieux problème de l'immortalité. Mais je ne pouvais plus penser à lui sans lui associer l'idée d'une réincarnation possible dans la planète Mars.

Cette idée me paraissait hardie, téméraire, purement imaginaire, si l'on veut, mais non absurde. La distance d'ici à Mars est égale à zéro pour la transmission de l'attraction; elle est presque insignifiante pour celle de la lumière, puisque quelques minutes suffisent à une ondulation lumineuse pour traverser ces millions de lieues. Je songeais au télégraphe, au téléphone, au phonographe, à la transmission de la volonté d'un magnétiseur à son sujet à travers une distance de plusieurs kilomètres, et parfois j'arrivais à me demander si quelque progrès merveilleux de la science ne jetterait pas tout d'un coup un pont céleste entre notre monde et ses congénères de l'infini.

Les soirs suivants, je n'observai Mars au télescope que distrait par mille pensées étrangères. La planète était pourtant admirable, comme elle l'a été pendant tout le printemps et tout l'été de 1888. De vastes inondations s'étaient produites sur l'un de ses continents, sur la Libye, comme déjà les astronomes l'avaient observé en 1882 et en diverses circonstances. On reconnaissait que sa météorologie, sa climatologie, ne sont pas les mêmes que les nôtres et que les eaux qui recouvrent environ la moitié de la surface de la planète subissent des déplacements bizarres et des variations périodiques dont la géographie terrestre ne peut donner aucune idée. Les neiges du pôle boréal avaient beaucoup diminué, ce qui prouvait que l'été de cet hémisphère avait été assez chaud, quoique moins élevé que celui de l'hémisphère austral. Du reste, il y avait eu fort peu de nuages sur Mars pendant toute la série de nos observations. Mais, chose à peine croyable, ce n'étaient pas ces faits astronomiques, pourtant si importants, et bases de toutes nos conjectures, qui m'intéressaient le plus, c'était ce que le magnétisé m'avait dit de Georges et d'Icléa. Les images fantastiques qui traversaient mon cerveau m'empêchaient de faire une observation vraiment scientifique. Je me demandais avec ténacité s'il ne pouvait pas exister de communication entre deux êtres très éloignés l'un de l'autre, et même entre un mort et un vivant, et chaque fois je me répondais qu'une telle question était par elle-même anti-scientifique et indigne d'un esprit positif.

Cependant, après tout, qu'est-ce que nous appelons « science » ? Qu'est-ce qui n'est pas « scientifique » dans la nature ? Où sont les limites de l'étude positive ? La carcasse d'un oiseau a-t-elle vraiment un caractère plus « scientifique » que son plumage aux lumineuses couleurs et son chant aux nuances si subtiles ? Le squelette d'une jolie femme est-il plus digne d'attention que sa structure de chair et sa forme vivante ? L'analyse des émotions de l'âme n'est-elle pas « scientifique » ? N'est-il pas scientifique de chercher si vraiment l'âme peut voir de loin et comment ? Et puis, quelle est cette étrange vanité, cette naïve présomption, de nous imaginer que la science ait dit son dernier mot, que nous connaissions tout ce qu'il y a à connaître, que nos cinq sens soient suffisants pour apprécier la nature de l'univers ? De ce que nous démêlons, parmi les forces qui agissent autour de nous, l'attraction, la chaleur, la lumière, l'électricité, est-ce à dire qu'il n'y ait pas d'autres forces, lesquelles nous échappent parce que nous n'avons pas de sens pour les percevoir? Ce n'est pas cette hypothèse qui est absurde, c'est la naïveté des pédagogues et des classiques. Nous sourions des idées des astronomes, des physiciens, des médecins, des théologiens d'il y a trois siècles; dans trois siècles, nos successeurs dans les sciences ne souriront-ils pas à leur tour des affirmations de ceux qui prétendent aujourd'hui tout connaître?

Les médecins auxquels je communiquais il y a quinze ans le récit des phénomènes magnétiques observés par moi-même en certaines expériences niaient tous avec conviction la réalité des faits observés. Je rencontrai récemment l'un d'entre eux à l'Institut : « Oh! fit-il, non sans finesse, alors c'était du magnétisme, aujourd'hui c'est de l'hypnotisme et c'est nous qui l'étudions. C'est bien différent. »

Moralité : Ne nions rien de parti pris. Etudions, constatons; l'explication viendra plus tard.

J'étais dans ces dispositions d'esprit, lorsqu'en me promenant en long et en large dans ma bibliothèque mes yeux tombèrent sur une jolie édition de Cicéron que je n'avais pas remarquée depuis longtemps. J'en pris un volume, l'ouvris machinalement à la première page venue et y lus ce qui suit :

« Deux amis arrivent à Mégare et vont se loger séparément. A peine l'un des deux est-il endormi qu'il voit devant lui son compagnon de voyage, lui annonçant d'un air triste que son hôte a formé le projet de l'assassiner, et le suppliant de venir le plus vite possible

... Son ami lui apparaît de nouveau ....

à son secours. L'autre se réveille, mais, persuadé qu'il a été abusé par un songe, il ne tarde pas à se rendormir. Son ami lui apparait de nouveau et le conjure de se hâter, parce que les meurtriers vont entrer dans sa chambre. Plus troublé, il s'étonne de la persistance de ce rêve, et se dispose à aller trouver son ami ; mais le raisonnement, la fatigue, finissent par triompher ; il se recouche. Alors son ami se montre à lui pour la troisième fois, pâle, sanglant, défiguré. « Malheureux, lui dit-il, tu n'es point venu lorsque je t'implorais ! C'en est fait ; maintenant, venge-moi. Au lever du soleil, tu rencontreras à la porte de la ville un chariot plein de fumier ; arrête-le et ordonne qu'on le décharge ; tu trouveras mon corps caché au milieu ; fais moi rendre les honneurs de la sépulture et poursuis mes meurtriers. »

« Une ténacité si grande, des détails si suivis ne permettent plus d'hésitation ; l'ami se lève, court à la porte indiquée, y trouve le char, arrête le conducteur, qui se trouble, et, dès les premières recherches, le corps de son ami est découvert. »

Ce récit semblait venir tout exprès à l'appui de mes opinions sur les inconnues du problème scientifique. Sans doute les hypothèses ne manquent pas pour répondre au point d'interrogation. On peut dire que l'histoire n'est peut-être pas arrivée telle que Cicéron la raconte ; qu'elle a été amplifiée, exagérée ; que deux amis arrivant dans une ville étrangère peuvent craindre un accident ; qu'en craignant pour la vie d'un ami, après les fatigues d'un voyage et au milieu du silence de la nuit, on peut arriver à rêver qu'il est victime d'un assassinat. Quant à l'épisode du chariot, les voyageurs peuvent en avoir vu un dans la cour de l'hôte, et le principe de l'association des idées vient le rattacher au songe. Oui, on peut faire toutes ces hypothèses explicatives ; mais ce ne sont que des hypothèses. Admettre qu'il y a eu vraiment communication entre le mort et le vivant est une autre hypothèse aussi.

Les faits de cet ordre sont-ils bien rares? Il ne le semble pas. Je me souviens entre autres d'un récit qui m'a été raconté par un vieil ami de ma jeunesse, Jean Best, qui fonda le *Magasin pittoresque*, en 1833, avec mon éminent ami Édouard Charton, et qui est mort il y a quelques années. C'était un homme grave, froid, méthodique (habile graveur-typographe, administrateur scrupuleux); tous ceux qui l'ont connu savent combien son tempérament était peu nerveux et combien son esprit était éloigné des choses de l'imagination. Eh bien! le fait suivant lui est arrivé à lui-même, lorsqu'il était tout enfant, à l'âge de cinq ou six ans.

C'était à Toul, son pays natal. Il était, par une belle soirée, couché dans son petit lit et ne dormait pas, lorsqu'il vit sa mère entrer dans sa chambre, la traverser et se rendre dans le salon voisin, dont la porte était ouverte, et où son père jouait aux cartes avec un ami. Or sa mère, malade, était à ce moment-là à Pau. Il se leva aussitôt de son lit et courut vers sa mère jusqu'au salon... où il la chercha en vain. Son père le gronda avec une certaine impatience et le renvoya se coucher en lui affirmant qu'il avait rêvé.

Alors l'enfant, croyant dès lors avoir, en effet, rêvé, essaya de se rendormir. Mais quelque temps après, ayant de nouveau les yeux ouverts, il vit une seconde fois et très distinctement sa mère qui passait encore près de lui, et cette fois il se précipita sur elle pour l'embrasser. Mais elle disparut aussitôt. Il ne voulut plus se recoucher et resta dans le salon où son père continuait de jouer.

Le même jour, à la même heure, sa mère mourait à Pau.

Je tiens ce récit de M. Best lui-même, qui en avait gardé le plus ineffaçable souvenir. Comment l'expliquer? On peut dire que l'enfant, sachant sa mère malade, y pensait souvent, et qu'il a eu une hallucination qui a coïncidé par hasard avec la mort de sa mère. C'est possible. Mais on peut penser aussi qu'il y avait un lien sympathique entre la mère et l'enfant, et qu'en ce moment solennel l'âme de cette mère a réellement été en communication avec celle de son enfant. Comment? demandera-t-on. Nous n'en savons rien. Mais ce que nous ne savons pas est à ce que nous savons dans la proportion de l'océan à une goutte d'eau.

Hallucinations! C'est vite dit. Que d'ouvrages médicaux écrits sur ce sujet! Tout le monde connaît celui de Brierre de Boismont. Parmi les innombrables observations qui le composent, citons, à ce propos, les deux suivantes :

« Obs. 84. — Lorsque le roi Jacques vint en Angleterre, à l'époque de la peste de

Londres, se trouvant à la campagne, chez sir Robert Cotton, avec le vieux Cambden, il vit en songe son fils aîné encore enfant, qui habitait alors Londres, avec une croix sanglante sur le front, comme s'il eût été blessé par une épée. Effrayé de cette apparition, il se mit en prières et se rendit le matin dans la chambre de sir Cambden. auquel il raconta l'événement de la nuit; celui-ci rassura le monarque en lui disant qu'il avait été le jouet d'un songe et qu'il n'y avait pas à s'en tourmenter. Le même jour le roi reçut une lettre de sa femme qui lui annonçait la perte de son fils, mort de la peste. Lorsque l'enfant se montra à son père, il avait la taille et les proportions d'un homme fait. »

« Obs. 87. — Mlle R..., douée d'un excellent jugement, religieuse sans bigoterie, habitait, avant d'être mariée, la maison de son oncle D., médecin célèbre, membre de l'Institut. Elle était séparée de sa mère, atteinte, en province, d'une maladie assez grave. Une nuit, cette jeune personne rêva qu'elle l'apercevait devant elle, pâle, défigurée, prête à rendre le dernier soupir et témoignant surtout un vif chagrin de ne pas être entourée de ses enfants, dont l'un, curé d'une paroisse de Paris, avait émigré en Espagne, et dont l'autre était à Paris. Bientôt elle l'entendit l'appeler plusieurs fois par son nom de baptême; elle vit, dans son rêve, les personnes qui entouraient sa mère, s'imaginant qu'elle demandait sa petite-fille, portant le même nom, aller la chercher dans la pièce voisine; un signe de la malade leur apprit que ce n'était point elle, mais sa fille qui habitait Paris, qu'elle désirait voir. Sa figure exprimait la douleur qu'elle éprouvait de son absence; tout à coup ses traits se décomposèrent, se couvrirent de la pâleur de la mort; elle retomba sans vie sur son lit.

« Le lendemain, Mlle R... parut fort triste devant D..., qui la pria de lui faire connaître la cause de son chagrin; elle lui raconta dans tous ses détails le songe qui l'avait si fortement tourmentée. D..., la trouvant dans cette disposition d'esprit, la pressa contre son cœur en lui avouant que la nouvelle n'était que trop vraie, que sa mère venait de mourir ; il n'entra pas dans d'autres explications.

« Quelques mois après, Mlle R..., profitant de l'absence de son oncle pour mettre en ordre ses papiers auxquels, comme beaucoup d'autres savants, il n'aimait pas qu'on touchât, trouva une lettre racontant à son oncle les circonstances de la mort de sa mère. Quelle ne fut pas sa surprise en y lisant toutes les particularités de son rêve ! »

Hallucination ! coïncidence fortuite ! Est-ce là une explication satisfaisante ? Dans tous les cas, c'est une explication qui n'explique rien du tout.

Une foule d'ignorants, de tout âge et de tous métiers, rentiers, commerçants ou députés, sceptiques par tempérament ou par genre, déclarent simplement qu'ils ne croient pas à toutes ces histoires et qu'il n'y a rien de vrai. Ce n'est pas là, non plus, une solution bien sérieuse. Les esprits accoutumés à l'étude ne peuvent se contenter d'une dénégation aussi légère.

Un fait est un fait. On ne peut pas ne pas l'admettre, lors même qu'il est impossible de l'expliquer, dans l'état actuel de nos connaissances.

Certes, les annales médicales témoignent qu'il y a vraiment des hallucinations de plus d'un genre et que certaines organisations nerveuses en sont dupes. Mais de là à conclure que tous les phénomènes psycho-biologiques non expliqués sont des hallucinations, il y a un abîme.

L'esprit scientifique de notre siècle cherche avec raison à dégager tous ces faits des brouillards trompeurs du surnaturalisme, attendu qu'il n'y a rien de surnaturel et que la nature, dont le royaume est infini, embrasse tout. Depuis quelques années, notamment, une société scientifique spéciale s'est organisée en Angleterre pour l'étude de ces phénomènes, la *Society for psychical research*; elle a, à sa tête, quelques-uns d'entre les plus illustres savants d'Outre-Manche et a déjà fourni des publications importantes. Ces phénomènes de vision à distance sont classés sous le titre général de *télépathie* (τῆλε, loin, πάθος, sensation). Des enquêtes rigoureuses sont faites pour en contrôler les témoignages. La variété en est considérable. Feuilletons un instant ensemble l'un de ces recueils[1] et détachons-en quelques documents bien dûment et bien scientifiquement établis.

Dans le cas suivant, observé récemment, l'observateur était absolument éveillé, comme vous et moi en ce moment. Il s'agit d'un certain M. Robert Bee, habitant Wigan (Angleterre). Voici cette curieuse relation, écrite par l'observateur lui-même.

Le 18 décembre 1873, nous nous rendîmes ma femme et moi dans la famille de ma femme à Southport, laissant mes parents en parfaite santé selon toute apparence. Le lendemain, dans l'après-midi, nous étions sortis pour une promenade au bord de la mer,

[1] *Phantasms of the Living*, par E. Gurney et Fr. Myers, professeurs à l'université de Cambridge, et Frank Podmore; Londres, 1886. La *Society for psychical research* a pour président le professeur Balfour Stewart, de la Société royale de Londres.

lorsque je me trouvai si profondément triste qu'il me fut impossible de m'intéresser à quoi que ce fût, de sorte que nous ne tardâmes pas à rentrer.

Tout d'un coup, ma femme manifesta un certain sentiment de peine et me dit qu'elle se rendait dans la chambre de sa mère pour quelques minutes. Un instant après, je me levai moi-même de mon fauteuil et passai au salon.

Une dame, habillée comme si elle devait sortir, arriva près de moi, venant de la chambre à coucher voisine. Je ne remarquai pas ses traits, parce qu'elle ne regardait pas de mon côté; pourtant immédiatement je lui adressai la parole en la saluant, mais je ne me souviens plus de ce que je lui dis.

Au même instant, et tandis qu'elle passait ainsi devant moi, ma femme revenait de la chambre de sa mère et passait juste à l'endroit où je voyais cette dame, sans paraître la remarquer. Je m'écriai aussitôt avec un vif sentiment de surprise : « Quelle est donc cette dame que vous venez de croiser à l'instant? — Mais je n'ai croisé personne! répliqua ma femme, encore plus étonnée que moi. — Comment, répliquai-je, vous ne venez pas de voir à l'instant une dame qui vient de passer là, juste où vous êtes, qui sort sans doute de chez votre mère et qui doit être maintenant au vestibule?

— C'est impossible, répondit-elle, il n'y a absolument que ma mère et nous en ce moment dans la maison.

En effet, aucune étrangère n'était venue, et la recherche que nous fîmes immédiatement n'aboutit à aucun résultat.

Il était alors huit heures moins dix minutes. Le lendemain matin, un télégramme nous annonçait la mort subite de ma mère par suite d'une maladie du cœur, précisément à la même heure. Elle était alors dans la rue et vêtue exactement comme l'inconnue qui était passée devant moi.

Tel est le récit de l'observateur. L'enquête faite par la Société des recherches psychiques a démontré l'absolue authenticité et la concordance des témoignages. C'est là un fait tout aussi positif qu'une observation météorologique, astronomique, physique ou chimique. Comment l'expliquer? Coïncidence, dira-t-on. Une rigoureuse critique scientifique peut-elle vraiment être satisfaite par ce mot?

Autre cas encore :

M. Frédérick Wingfield, habitant Belle-Isle en Terre (Côtes-du-Nord), écrit que le 25 mars 1880, s'étant couché assez tard après avoir lu une partie de la soirée, il rêva que son frère, habitant le comté d'Essex en Angleterre, était auprès de lui, mais qu'au lieu de répondre à une question qu'il lui adressait, il secoua la tête, se leva de sa chaise et s'en alla. L'impression avait été si vive que le narrateur s'élança, à moitié endormi, hors de son lit, et se réveilla au moment où il mettait le pied sur la descente de lit et appelait son frère. Trois jours après, il recevait la nouvelle que son frère venait d'être tué, d'une chute de cheval, le même jour, 25 mars 1880, dans la soirée (à 8 heures et demie), quelques heures avant le rêve qui vient d'être rapporté.

Une enquête a démontré que la date de cette mort est exacte et que l'auteur de ce récit avait écrit son rêve sur un agenda à la date même de l'évènement et non après coup.

Autre cas encore :

« M. S... et M. L..., employés tous les deux dans une administration, étaient depuis huit ans en intimes relations d'amitié. Le lundi 19 mars 1883, L..., en allant à son bureau, eut une indigestion; alors il entra dans une pharmacie où on lui donna un médicament en lui disant qu'il avait une affection du foie. Le jeudi suivant, il n'était pas mieux; le samedi de cette même semaine, il était encore absent du bureau.

Le samedi soir, 24 mars, S .. était chez lui, ayant mal à la tête; il se coucha, et, une minute après, il vit son ami L..., debout devant lui, vêtu de ses vêtements habituels. S... nota même ce détail de l'habillement de L... que son chapeau avait un crêpe noir, que son pardessus n'était pas boutonné et qu'il avait une canne à la main. L... regarda fixement S... et passa. S... alors se rappela la phrase qui est dans le livre de Job : « Un esprit passa devant ma face, et le poil de ma chair se hérissa. » A ce moment, il sentit un frisson lui parcourir le corps et ses cheveux se hérissèrent. Alors il demanda à sa femme : « — Quelle heure est-il ? » Celle-ci lui répondit : « Neuf heures moins douze minutes. » Il lui dit : « Si je vous le demande, c'est parce que L... est mort; je viens de le voir. » Elle essaya de lui persuader que c'était une pure illusion; mais il assura de la façon la plus formelle qu'aucun raisonnement ne pourrait le faire changer d'opinion. »

Tel est le récit fait par M. S... Il n'apprit la mort de son ami L... que le lendemain dimanche, à trois heures de l'après-midi.

L... était effectivement mort le samedi soir, vers neuf heures moins dix minutes.

On peut rapprocher de cette relation l'événement historique rapporté par Agrippa d'Aubigné au moment de la mort du cardinal de Lorraine :

« Le roi estant en Avignon, le 23 décembre 1574, y mourut Charles, cardinal de Lorraine. La reine (Catherine de Médicis) s'estoit mise au lit de meilleure heure que de coustume, aiant à son coucher entre autres personnes de marque le roi de Navarre, l'archevêque de Lyon, les dames de Retz, de Lignerolles et de Saunes, deux desquelles ont confirmé ce discours. Comme elle estoit pressée de donner le bon soir, elle se jetta d'un tressaut sur son chevet; mit les mains au-devant de son visage et avec un cri violent appela à son secours ceux qui l'assistoient, leur voulant monstrer au pied du lit le cardinal qui lui tendait la main. Elle s'escriant plusieurs fois : « Monsieur le cardinal, « je n'ai que faire avec vous. » Le roi de Navarre envoie au mesme temps un de ses gentilshommes au logis du cardinal, qui rapporta comment il avoit expiré au mesme point. »

Dans son livre sur « l'humanité posthume » publié en 1882, Adolphe d'Assier se porte garant de l'authenticité du fait suivant, qui lui a été rapporté par une personne de Saint-Gaudens comme lui étant arrivé à elle-même :

« J'étais encore jeune fille, dit-elle, et je couchais avec ma sœur plus âgée que moi. Un soir, nous venions de nous mettre au lit et de souffler la bougie. Le feu de la cheminée, imparfaitement éteint, éclairait encore faiblement la chambre. En tournant les yeux du côté du foyer, j'aperçois, à ma grande surprise, un prêtre assis devant la cheminée et se chauffant. Il avait la corpulence, les traits et la tournure d'un de nos oncles qui habitait aux environs et qui était archiprêtre. Je fis part aussitôt de mon observation à ma sœur. Cette dernière regarde du côté du foyer, et voit la même apparition. Elle reconnaît également notre oncle l'archiprêtre. Une frayeur indicible s'empare alors de nous et nous crions : *Au secours!* de toutes nos forces. Mon père, qui dormait dans une pièce voisine, éveillé par ces cris désespérés, se lève en toute hâte, et arrive aussitôt, une bougie à la main. Le fantôme avait disparu ; nous ne voyions plus personne dans la chambre. Le lendemain, nous apprîmes par une lettre que notre oncle l'archiprêtre était mort dans la soirée. »

Autre fait encore, rapporté par le même disciple d'Auguste Comte, et consigné par lui pendant son séjour à Rio-de-Janeiro :

C'était en 1858 ; on s'entretenait encore, dans la colonie française de cette capitale, d'une apparition singulière qui avait eu lieu quelques années auparavant. Une famille alsacienne, composée du mari, de la femme et d'une petite-fille, encore en bas âge, faisait voile pour Rio-de-Janeiro, où elle allait rejoindre des compatriotes établis dans cette ville. La traversée étant longue, la femme devint malade, et, faute sans doute de soins ou d'une alimentation convenable, succomba avant d'arriver. Le jour de sa mort, elle tomba en syncope, resta longtemps dans cet état, et, lorsqu'elle eut repris ses sens, elle dit à son mari, qui veillait à ses côtés : « Je meurs contente, car maintenant je suis rassurée sur le sort de notre enfant. Je viens de Rio-de-Janeiro, j'ai rencontré la rue et la maison de notre ami Fritz, le charpentier. Il était sur le seuil de la porte ; je lui ai présenté la petite ; je suis sûre qu'à ton arrivée il la reconnaîtra et en prendra soin. » Le mari fut surpris de ce récit, sans toutefois y attacher d'importance. Le même jour, à la même heure, Fritz le charpentier, l'Alsacien dont je viens de parler, se trouvait sur le seuil de la porte de la maison qu'il habitait à Rio-de-Janeiro, lorsqu'il crut voir passer dans la rue une de ses compatriotes tenant dans ses bras une petit fille. Elle les regardait d'un air suppliant, et semblait lui présenter l'enfant qu'elle portait. Sa figure, qui paraissait d'une grande maigreur, rappelait néanmoins les traits de Latta, la femme de son ami et compatriote Schmidt. L'expression de son visage, la singularité de sa démarche, qui tenait plus de la vision que de la réalité, impressionnèrent vivement Fritz. Voulant s'assurer qu'il n'était pas dupe d'une illusion, il appela un de ses ouvriers qui travaillait dans la boutique et qui lui aussi était Alsacien et de la même localité.

« Regarde, lui dit-il, ne vois-tu pas passer une femme dans la rue, tenant un enfant dans ses bras, et ne dirait-on pas que c'est Latta, la femme de notre pays Schmidt?

— Je ne puis vous dire, je ne la distingue pas bien, » répondit l'ouvrier.

Fritz n'en dit pas davantage; mais les diverses circonstances de cette apparition réelle ou imaginaire se gravèrent fortement dans son esprit, notamment l'heure et le jour. A quelque temps de là, il voit arriver son compatriote Schmidt portant une petite fille dans ses bras. La visite de Latta se retrace alors dans son esprit, et avant que Schmidt eût ouvert la bouche il lui dit :

« Mon pauvre ami, je sais tout ; ta femme est morte pendant la traversée, et avant de mourir elle est venue me présenter sa petite fille pour que j'en prenne soin. Voici la date et l'heure. »

C'étaient bien le jour et le moment consignés par Schmidt à bord du navire.

Dans son ouvrage sur les hauts phénomènes de la Magie, publié en 1864, Gougenot des Mousseaux rapporte le fait suivant qu'il certifie comme absolument authentique.

Sir Robert Bruce, de l'illustre famille écossaise de ce nom, est second d'un bâtiment ; un jour il vogue près de Terre-Neuve, et, se livrant à des calculs, il croit voir son capitaine assis à son pupitre, mais il regarde avec attention, et celui qu'il aperçoit est un étranger dont le regard froidement arrêté sur lui l'étonnait. Le capitaine, près duquel il remonte, s'aperçoit de son étonnement, et l'interroge :

« Mais qui donc est à votre pupitre? lui dit Bruce.

— Personne !

— Si, il y a quelqu'un est-ce un étranger?... et comment?

— Vous rêvez... ou vous raillez.

— Nullement : veuillez descendre et venir voir.

On descend : personne n'est assis devant le pupitre. Le navire est fouillé en tous sens : il ne s'y rencontre aucun étranger.

« Cependant, celui que j'ai vu écrivait sur votre ardoise ; son écriture doit y être restée, dit le capitaine. »

On regarde l'ardoise ; elle porte ces mots : « *Steer to the north-west* », c'est-à-dire : Gouvernez au nord-ouest.

« Mais cette écriture est de vous ou de quelqu'un du bord ?

— Non. »

Chacun est prié d'écrire la même phrase, et nulle écriture ne ressemble à celle de l'ardoise.

« Eh bien, obéissons au sens de ces mots : gouvernez le navire au nord-ouest ; le vent est bon et permet de tenter l'expérience. »

Trois heures après, la vigie signalait une montagne de glace et voyait, y attenant, un vaisseau de Québec, démantelé, couvert de monde, cinglant vers Liverpool, et dont les passagers furent amenés par les chaloupes du bâtiment de Bruce.

Au moment où l'un de ces hommes gravissait le flanc du vaisseau libérateur, Bruce tressaillit et recula, fortement ému. Il venait de reconnaître l'étranger qu'il avait vu traçant les mots de l'ardoise. Il raconte à son capitaine le nouvel incident.

« Veuillez écrire : *Steer to the north-west* sur cette ardoise, dit au nouveau venu

le capitaine, lui présentant le côté qui ne porte aucune écriture.

L'étranger trace les mots demandés.

« Bien, vous reconnaissez là votre main courante? dit le capitaine, frappé de l'identité des écritures.

— Mais vous m'avez vu vous-même

écrire? Vous serait-il possible d'en douter? »

Pour toute réponse, le capitaine retourne l'ardoise, et l'étranger reste confondu, voyant des deux côtés sa propre écriture.

« Aviez-vous rêvé que vous écriviez sur cette ardoise? dit, à celui qui vient d'écrire, le capitaine du vaisseau naufragé.

— Non, du moins je n'en ai nul souvenir.

— Mais que faisait à midi ce passager? demande à son confrère le capitaine sauveur.

— Étant très fatigué, ce passager s'endormit profondément, et autant qu'il m'en souvient, ce fut quelque temps avant midi. Une heure au plus après, il s'éveilla, et me dit : « Capitaine nous serons sauvés, aujourd'hui même ! » Ajoutant : « J'ai rêvé que j'étais à « bord d'un vaisseau et qu'il venait à notre « secours. » Il dépeignit le bâtiment et son gréement ; et ce fut à notre grande surprise, lorsque vous cinglâtes vers nous, que nous reconnûmes l'exactitude de la description. »

Enfin ce passager dit à son tour : « Ce qui me semble étrange, c'est que ce que je vois ici me paraît familier, et cependant je n'y suis jamais venu. »

Le baron Dupotet, dans son cours de « magnétisme animal », rapporte, d'autre part encore, le fait suivant publié en 1814 par le célèbre Iung Stiling, qui le tenait de l'observateur même, le baron de Sulza, chambellan du roi de Suède :

Rentrant chez lui en été vers minuit, heure à laquelle il fait encore assez clair en Suède pour qu'on puisse lire l'impression la plus fine : « Comme j'arrivai, dit-il, dans mon domaine, mon père vint à ma rencontre devant l'entrée du parc ; il était vêtu comme d'habitude, et il tenait à la main une canne que mon frère avait sculptée. Je le saluai et nous conversâmes longtemps ensemble. Nous arrivâmes ainsi jusqu'à la maison et à l'entrée de sa chambre. En y entrant, je vis mon père déshabillé ; au même instant l'apparition s'était évanouie ; peu de temps après, mon père s'éveilla et me regarda d'un air d'interrogation : « Mon cher Édouard, me dit-il,
« Dieu soit béni de ce que je te vois sain et
« sauf, car j'ai été bien tourmenté, à cause de
« toi, dans mon rêve ; il me semblait que tu
« étais tombé dans l'eau, et que tu étais en

« danger de te noyer. » Or, ce jour-là, ajouta le baron, j'étais allé avec un de mes amis à la rivière pour pêcher des crabes, et je faillis être entraîné par le courant. Je racontai à mon père que j'avais vu son apparition à l'entrée du domaine, et que nous avions eu ensemble une longue conversation. Il me répondit qu'il arrivait souvent des faits semblables. »

On voit dans ces divers récits des apparitions spontanées et des apparitions pour ainsi dire provoquées par le désir de la volonté. La suggestion mentale peut-elle donc aller jusque-là? Les auteurs du livre *Phantasms of the living*, dont nous parlions plus haut, répondent affirmativement par sept exemples suffisamment attestés, parmi lesquels j'en offrirai encore un à l'attention de mes lecteurs. Le voici :

Le rév. C. Godfrey, demeurant à Eastbourne, dans le canton de Sussex, ayant lu un récit d'apparition préméditée, en fut si frappé qu'il résolut d'en faire l'essai à son jour. Le 15 novembre 1886, vers onze heures du soir, il dirigea toute la force d'imagina-

tion et toute la tension de volonté dont il était capable sur l'idée d'apparaître à une dame de ses amies, en se tenant de bout au pied de son lit. L'effort dura environ huit minutes, après quoi M. Godfrey se sentit fatigué et s'endormit. Le lendemain, la dame qui avait été le sujet de l'expérience vint de son propre mouvement raconter à M. Godfrey ce qu'elle avait vu. Invitée à en fixer le souvenir par écrit, elle le fit en ces termes :
« La nuit dernière je me réveillai en sursaut, avec la sensation que quelqu'un était entré dans ma chambre. J'entendis également un bruit, mais je supposai que c'étaient les oiseaux dans le lierre, hors de la fenêtre. J'éprouvai ensuite comme une inquiétude et un vague désir de sortir de la chambre et de descendre au rez-de-chaussée. Ce sentiment devint si vif que je me levai enfin ; j'allumai une bougie et je descendis dans l'intention de prendre quelque chose pour me calmer. En remontant à ma chambre, je vis M. Godfrey, debout sous la grande fenêtre qui éclaire l'escalier. Il était habillé comme à l'ordinaire et avait l'ex-

pression que j'ai remarquée chez lui lors-

qu'il regarde très attentivement quelque chose. Il était là immobile, tandis que, tenant la lumière levée, je le regardais avec une extrême surprise. Cela dura trois ou quatre secondes, après quoi, comme je continuais à monter, il disparut. Je n'étais point effrayée, mais très agitée, et je ne pus me rendormir. »

M. Godfrey pensa judicieusement que l'expérience à laquelle il s'était livré prendrait beaucoup plus d'importance si elle se répétait. Une seconde tentative manqua, mais la troisième réussit. Bien entendu que la dame sur laquelle il opérait n'était pas plus prévenue de son intention que la première fois. « La nuit dernière, écrit-elle, mardi 7 décembre, je montai me coucher à dix heures et demie. Je fus bientôt endormie. Soudainement, j'entendis une voix qui disait : « Réveillez-vous ! » et je sentis une main qui se posait sur le côté gauche de ma tête. (L'intention de M. Godfrey, cette fois-ci, avait été de faire sentir sa présence par la voix et le toucher.) Je fus aussitôt complètement éveillée. Il y avait dans la chambre un son curieux, comme celui d'une guimbarde. Je sentais en même temps comme une haleine froide qui m'enveloppait; mon cœur se mit à battre violemment, et je vis distinctement une figure penchée sur moi. La seule lumière qui éclairât la chambre était celle d'une lampe à l'extérieur, formant une longue raie lumineuse sur la muraille au-dessus de la table de toilette; cette raie était particulièrement obscurcie par la figure. Je me retournai vivement, et la main eut l'air de retomber de ma tête sur l'oreiller, à côté de moi. La figure était inclinée au-dessus de moi, et je la sentais appuyée contre le côté du lit. Je vis le bras reposant tout le temps sur l'oreiller. J'apercevais le contour du visage, mais comme obscurci par un brouillard. Il devait être environ minuit et demi. La figure avait légèrement écarté le rideau, mais j'ai reconnu ce matin qu'il pendait comme d'habitude. Nul doute que la figure ne fût celle de M. Godfrey; je le reconnus à la tournure des épaules et à la forme du visage. Pendant tout le temps qu'il resta là, il régnait un courant d'air froid à travers la chambre, comme si les deux fenêtres eussent été ouvertes. »

Ce sont là des *faits*.

Dans l'état actuel de nos connaissances, il serait absolument téméraire d'en chercher l'explication. Notre psychologie n'est pas assez avancée. Il y a bien des choses que nous sommes forcés d'admettre sans pouvoir en aucune façon les expliquer. Nier ce qu'on ne peut expliquer serait de la pure démence. Expliquait-on le système du monde il y a mille ans? Aujourd'hui même, expliquons-nous l'attraction? Mais la science marche, et son progrès sera sans fin.

Connaissons-nous toute l'étendue des facultés humaines? Qu'il y ait dans la nature des forces encore inconnues de nous, comme l'était, par exemple, l'électricité il y a moins d'un siècle, qu'il y ait dans l'univers d'autres êtres, doués d'autres sens et d'autres facultés, c'est ce dont le penseur ne peut douter un seul instant. Mais l'homme terrestre lui-même nous est-il complètement connu ? Il ne le semble pas.

Il y a des faits dont nous sommes forcés de reconnaître la réalité sans pouvoir en aucune façon les expliquer.

La vie de Swedenborg en offre trois de cet ordre. Laissons de côté, pour le moment, ses visions planétaires et sidérales, qui paraissent plus subjectives qu'objectives ; remarquons en passant que Swedenborg était un savant de premier ordre en géologie, en minéralogie, en cristallographie, membre des académies des sciences d'Upsal, Stockholm et Saint-Pétersbourg, et contentons-nous de rappeler les trois faits suivants :

Le 19 juillet 1759, revenant d'un voyage en Angleterre, ce philosophe prit terre à Gottenbourg et alla dîner chez un certain William Costel, où la société était nombreuse. « Le soir à 6 heures, M. de Swedenborg, qui était sorti, rentra au salon, pâle et consterné, et dit qu'à l'instant même un incendie venait d'éclater à Stockholm, au Südermoln, dans la rue qu'il habitait, et que le feu s'étendait avec violence vers sa maison. Il sortit de nouveau, et revint, se la‑

mentant que la maison d'un de ses amis venait d'être réduite en cendres et que la sienne courait le plus grand danger. A huit heures, après une nouvelle sortie, il dit avec joie : « Grâce à Dieu, l'incendie s'est éteint « à la troisième porte qui précède la mienne. »

La nouvelle s'en répandit dans toute la ville, qui s'en émut d'autant plus que le gouverneur y avait porté attention et que beaucoup de personnes étaient en souci de leurs biens ou de leurs amis... Deux jours après, le courrier royal apporta de Stockholm le rapport sur l'incendie : il n'y avait aucune différence entre ses indications et celles que Swedenborg avait données ; l'incendie avait été éteint à huit heures.

Cette relation a été écrite par l'illustre Emmanuel Kant, qui avait voulu faire une enquête sur le fait, et qui ajoute : « Que peut-on alléguer contre l'authenticité de cet événement ? »

Or Gottenbourg est à deux cents kilomètres de Stockholm.

Swedenborg était alors dans sa soixante-douzième année.

Voici le second fait.

En 1761, Mme de Marteville, veuve d'un ministre de Hollande à Stockholm, reçoit d'un créancier de son mari la réclamation d'une somme de vingt-cinq mille florins de Hollande (cinquante mille francs), qu'elle savait avoir été payée par son mari, et dont le nouveau payement la mettait dans le plus grand embarras, la ruinait presque. Il lui était impossible de retrouver la quittance.

Elle va rendre visite à Swedenborg, et, huit jours après, elle voit en songe son mari qui lui indique le meuble où se trouve la quittance, avec une épingle à cheveux garnie de vingt diamants, qu'elle croyait perdue aussi. « C'était à deux heures du matin. Pleine de joie, elle se lève et trouve le tout à la place indiquée. S'étant recouchée, elle dort jusqu'à neuf heures. Vers onze heures, M. de Swedenborg se fait annoncer. Avant d'avoir rien appris de ce qui était arrivé, il raconta que dans la nuit précédente il avait vu l'esprit de M. de Marteville qui lui avait déclaré qu'il se rendait auprès de sa veuve. »

Voici le troisième fait :

Au mois de février 1772, étant à Londres, il envoya un billet au révérend John Wesley (fondateur de la communion des Wesleyens) pour lui dire qu'il serait charmé de faire sa connaissance. L'ardent prédicateur reçut ce billet au moment où il allait partir pour une mission et répondit qu'il profiterait de cette gracieuse permission pour lui rendre visite au retour de cette absence, qui devait être d'environ six mois. Swedenborg répondit : « qu'en ce cas, ils ne se verraient pas dans ce monde, le 29 mars prochain devant être le jour de sa mort ».

Swedenborg mourut, en effet, à la date indiquée par lui plus d'un mois d'avance.

Ce sont là trois faits dont il n'est pas possible de nier l'authenticité, mais que dans l'état actuel de nos connaissances personne ne voudrait assurément se charger d'expliquer.

Nous pourrions multiplier indéfiniment ces relations *authentiques*. Les faits analogues à ceux qui ont été rapportés plus haut de communications à distance soit au moment de la mort, soit dans l'état normal de la vie, ne sont pas tellement rares — sans être pourtant bien fréquents — que chacun de nos lecteurs n'en ait entendu citer, et peut-être observé lui-même, en plus d'une circonstance. D'ailleurs, les expériences faites dans les domaines du magnétisme témoignent également qu'en certains cas psychologiques déterminés un expérimentateur peut agir sur son sujet à distance, non pas seulement à quelques mètres, mais à plusieurs kilomètres et même à plus de cent kilomètres de distance, selon la sensibilité et la lucidité du sujet et sans doute aussi selon l'intensité de la volonté du magnétiseur. D'autre part encore, l'espace n'est pas ce que nous croyons. La distance de Paris à Londres est grande pour un marcheur, et elle était même infranchissable avant l'invention des bateaux : elle est nulle pour l'électricité. La distance de la Terre à la Lune est grande pour nos modes actuels de locomotion : elle est nulle pour l'attraction. En fait, au point de vue de l'absolu, l'espace qui nous sépare de Sirius n'est pas une plus grande partie de l'infini que la distance de Paris à Versailles ou de votre œil droit à votre œil gauche.

Il y a plus encore, la séparation qui nous semble exister entre la Terre et la Lune, ou entre la Terre et Mars, ou même entre la Terre et Sirius, n'est qu'une illusion due à l'insuffisance de nos perceptions. La Lune agit constamment sur la Terre et la remue perpétuellement. L'attraction de Mars est également sensible pour notre planète, et à notre tour nous dérangeons Mars dans son cours en subissant l'influence de la Lune. Nous agissons sur le Soleil lui-même et le faisons mouvoir, comme si nous le touchions. En vertu de l'attraction, la Lune fait tourner mensuellement la Terre autour de leur centre commun de gravité, point qui voyage à 1700 kilomètres au-dessous de la surface du globe, la Terre fait tourner le Soleil annuellement autour de leur centre commun de gravité, situé à 456 kilomètres du centre solaire ; tous les mondes agissent perpétuellement les uns sur les autres, de sorte qu'il n'y a pas d'isolement, de séparation réelle entre eux. Au lieu d'être un vide séparant les mondes les uns des autres, l'espace est plutôt un lien de communication. Or si l'attraction établit ainsi une communication réelle, perpétuelle, active et indiscutable, constatée par la précision des observations astronomiques, entre la Terre et ses sœurs de l'immensité, on ne voit pas trop de quel droit de prétendus positivistes pourraient déclarer que nulle communication ne soit possible entre deux êtres plus ou moins éloignés l'un de l'autre, soit sur la Terre, soit même sur deux mondes différents.

Deux cerveaux qui vibrent à l'unisson, à plusieurs kilomètres de distance, ne peuvent-ils être émus par une même force psychique? L'émotion partie d'un cerveau ne peut-elle, à travers l'éther, de même que l'attraction, aller frapper le cerveau qui vibre à une dis-distance quelconque, de même qu'un son, à travers une pièce, va faire vibrer les cordes d'un piano ou d'un violon? N'oublions pas que nos cerveaux sont composés de molécules qui ne se touchent pas et qui sont en vibration perpétuelle.

Et pourquoi parler de cerveaux? La pensée, la volonté, la force psychique, quelle que soit sa nature, ne peut-elle agir à distance sur un être qui lui est attaché par les liens sympathiques et indissolubles de la parenté intellectuelle? Les palpitations d'un cœur ne se transmettent-elles pas subitement au cœur qui bat à l'unisson du nôtre?

Devons-nous admettre, dans les cas d'apparition signalés plus haut, que l'esprit du mort ait réellement pris une forme corporelle dans le voisinage de l'observateur? Dans la plupart des cas, cette hypothèse ne paraît pas nécessaire. Pendant nos rêves, nous croyons voir des personnes qui ne sont pas du tout devant nos yeux, d'ailleurs fermés. Nous les voyons parfaitement, aussi bien qu'au grand jour ; nous leur parlons, nous les entendons, nous conversons avec elles. Assurément, ce n'est ni notre rétine ni notre nerf optique qui les voit, pas plus que ce n'est notre oreille qui les entend. Nos cellules cérébrales sont seules en jeu.

Certaines apparitions peuvent être objectives, extérieures, substantielles ; d'autres peuvent être intérieures : dans ce cas, l'être qui se manifeste agirait à distance sur l'être qui voit, et cette influence sur son cerveau déterminerait la vision intérieure, laquelle paraît extérieure, comme dans les rêves, mais peut être purement subjective, sans être pour cela chimérique et illusoire.

Les études expérimentales faites récemment sur les phénomènes de suggestion, d'hypnotisme, de somnambulisme, nous mettent sur la voie sinon de l'explication, du moins de l'admission rationnelle d'un certain nombre de ces faits. Il y a sans doute ici action d'un esprit sur un autre. Assurément, l'âme ne se transporte pas en prenant réellement l'aspect d'une personne habillée par un tailleur ou une couturière, et il n'y a pas, devant le sujet qui voit, un être vêtu d'un paletot plus ou moins ample, d'une robe ou d'un manteau, affublé des divers détails de la toilette masculine ou féminine, muni d'une canne ou d'un parapluie, etc. Mais peut-être l'esprit qui doit apparaître agit-il directement sur l'autre, et l'impressionne-t-il de telle sorte que celui-ci croit voir, entendre, toucher même une personne se présentant exactement sous la forme qu'il lui connaît.

De même qu'une pensée, un souvenir, éveille dans notre esprit une image qui peut être très évidente et très vive, de même un être agissant sur un autre peut faire apparaître en lui une image qui lui donnera un instant l'illusion de la réalité. On obtient maintenant expérimentalement ces faits dans les études d'hypnotisme et de suggestion, études qui en sont encore à leurs débuts et pourtant donnent des résultats assurément dignes de la plus haute attention, aussi bien au point de vue psychologique qu'au point de vue physiologique. Ce n'est pas la rétine qui est frappée par une réalité effective, ce sont les couches optiques du cerveau qui sont excitées par une force psychique. C'est l'être mental lui-même qui est impressionné. De quelle façon? nous l'ignorons.

Telles sont les inductions les plus rationnelles qui paraissent pouvoir être conclues des phénomènes de l'ordre de ceux dont nous venons de nous occuper, phénomènes inexpliqués, mais fort anciens, car l'histoire de tous les peuples, depuis la plus haute antiquité, en a conservé des exemples qu'il serait difficile de nier ou d'effacer.

Mais quoi, dira-t-on, devons-nous, pouvons-nous, dans notre siècle de méthode expérimentale et de science positive, admettre qu'un mourant, ou même un mort, puisse se communiquer?

Qu'est-ce qu'un mort?

Il meurt un être humain par chaque seconde, sur l'ensemble du globe terrestre, soit environ quatre-vingt-six mille quatre cents par jour, soit environ trente et un millions par an ou plus de trois milliards par siècle. En dix siècles, plus de trente milliards de cadavres ont été livrés à la terre et rendus à la circulation générale sous forme de produits divers, eau, gaz, etc. Si nous tenons compte de la diminution de la population humaine à mesure que nous remontons les âges historiques, nous trouvons que depuis dix mille ans *deux cents milliards de corps humains au moins ont été formés de la terre et de l'atmosphère, par la respiration et l'alimentation, et y sont retournés.* Les molécules d'oxygène, d'hydrogène, d'acide carbonique, d'azote, qui ont constitué ces corps, ont engraissé la terre et ont été rendues à la circulation atmosphérique.

Oui, la Terre que nous habitons est aujourd'hui formée en partie de ces milliards de cerveaux qui ont pensé, de ces milliards d'organismes qui ont vécu. Nous marchons sur nos aïeux comme ils marcheront sur nous. Les fronts des penseurs, les yeux qui ont contemplé, souri, pleuré, les cœurs qui ont aimé et souffert, les bouches qui ont chanté l'amour, les lèvres roses et les seins de marbre, les entrailles des mères, les bras des travailleurs, les muscles des guerriers, le sang des vaincus, les enfants et les vieillards, les bons et les méchants, les riches et les pauvres, tout ce qui a vécu, tout ce qui a pensé, gît dans la même terre. Il serait difficile aujourd'hui de faire un seul pas sur la planète sans marcher sur la dépouille des morts; il serait difficile de manger et boire sans réabsorber ce qui a déjà été mangé et bu des milliers de fois ; il serait difficile de respirer sans s'incorporer le souffle des morts. Les éléments constitutifs des corps, puisés à la nature, sont revenus à la nature, et chacun de nous porte en soi des atomes ayant précédemment appartenu à d'autres corps.

Eh bien! pensez-vous que ce soit cela toute l'humanité? Pensez-vous qu'elle n'ait rien laissé de plus noble, de plus grand, de plus spirituel? Chacun de nous ne donne-t-il à l'univers, en rendant le dernier soupir, que soixante ou quatre-vingts kilos de chair et d'os qui vont se désagréger et retourner aux éléments? L'âme qui nous anime ne demeure-t-elle pas, au même titre que chaque molécule d'oxygène, d'azote ou de fer? Et toutes les âmes qui ont vécu n'existent-elles pas toujours?

Nous n'avons aucun droit d'affirmer que l'homme soit uniquement composé d'éléments matériels, et que la faculté de penser ne soit qu'une propriété de l'organisation. Nous avons, au contraire, les raisons les plus intimes d'admettre que l'âme est une entité individuelle, et que c'est elle qui régit les molécules pour organiser la forme vivante du corps humain.

La sérénité lumineuse et presque souriante du visage de l'être humain qui vient de mourir, sérénité qui succède comme un rayon de calme bonheur aux angoisses de l'agonie, ne nous indique-t-elle pas qu'en cette heure suprême la dernière impression de l'âme au moment de la séparation a été une impression de lumière et comme une vision de délivrance?

Que deviennent les molécules invisibles et intangibles qui ont composé notre corps pendant la vie? Elles vont appartenir à de nouveaux corps. Que deviennent les âmes également invisibles et intangibles? On peut penser qu'elles se réincarnent, elles aussi, en de nouveaux organismes, chacune suivant sa nature, ses facultés, sa destinée.

L'âme appartient au monde psychique. Sans doute, il y a sur la Terre une quantité innombrables d'âmes encore lourdes, grossières, à peine dégagées de la matière, incapables de concevoir les réalités intellectuelles. Mais il en est d'autres qui vivent dans l'étude, dans la contemplation, dans la culture du monde psychique ou spirituel. Celles-là peuvent ne point rester emprisonnées sur la Terre, et leur destinée est de vivre de la vie uranique.

L'âme uranique vit, même pendant ses incarnations terrestres, dans le monde de l'absolu et du divin. Elle sait que tout en habitant la Terre elle est, en réalité, dans le ciel, et que notre planète est un astre du ciel.

Quelle est la nature intime de l'âme, quels sont ses modes de manifestation, quand sa mémoire devient-elle permanente et maintient-elle avec certitude l'identité consciente, sous quelle diversité de formes et de substances peut-elle vivre, quelle étendue d'espace peut-elle franchir, quel est l'ordre de parenté intellectuelle qui existe entre les diverses planètes d'un même système, quelle est la force germinatrice qui ensemence les mondes, quand pourrons-nous nous mettre en communication avec les patries voisines, quand pénétrerons-nous le secret profond des destinées? Mystère et ignorance aujourd'hui. Mais *l'inconnu d'hier est la vérité de demain.*

Fait d'ordre historique et scientifique absolument incontestable : dans tous les siècles, chez tous les peuples, et sous les apparences religieuses les plus diverses, l'idée de l'immortalité repose, invulnérable, au fond de la conscience humaine. L'éducation lui a donné mille formes, mais elle ne l'a pas inventée. Cette idée indéracinable existe par elle-même. Tout être humain, en venant au monde, apporte avec lui, sous une forme plus ou moins vague, ce sentiment intime, ce désir, cette espérance.

II

ITER EXTATICUM CŒLESTE

Les heures, les jours que je consacrais à l'étude de ces questions de psychologie et de télépathie ne m'empêchaient pas d'observer Mars au télescope et d'en prendre des dessins géographiques, chaque fois que notre atmosphère, si souvent nuageuse, voulait bien me le permettre. D'ailleurs, on peut reconnaître que non seulement toutes les questions se touchent, dans l'étude de la nature et dans les sciences, mais encore que l'astronomie et la psychologie sont solidaires l'une de l'autre, attendu que l'univers psychique a pour habitat l'univers matériel, que l'astronomie a pour objet l'étude des régions de la vie éternelle et que nous ne pourrions nous former aucune idée de ces régions si nous ne les connaissions pas astronomiquement. Que nous le sachions ou non, en fait, nous habitons en ce moment même une région du ciel, et tous les êtres, quels qu'ils soient, sont éternellement citoyens du ciel. Ce n'est pas sans une secrète divination des choses que l'antiquité avait fait d'URANIE la muse de toutes les sciences.

Ma pensée avait donc été longuement occupée de notre voisine la planète Mars, lorsqu'un jour, dans une promenade solitaire à la lisière d'un bois, après quelques chaudes heures de juillet, m'étant assis au pied d'un bouquet de chênes, je ne tardai pas à m'assoupir.

La chaleur était accablante, le paysage était silencieux, la Seine semblait arrêtée comme un canal au fond de la vallée. Je fus étrangement surpris, en m'éveillant après un instant de somnolence, de ne plus reconnaître le paysage, ni les arbres voisins, ni la rivière qui coulait au pied du coteau, ni la prairie ondulée qui allait se perdre au loin dans l'horizon. Le soleil se couchait, plus petit que nous n'avons coutume de le voir. L'air frémissait de bruits harmonieux inconnus à la Terre, et des insectes grands comme des oiseaux voltigeaient sur des arbres sans feuilles, couverts de gigantesques fleurs rouges. Je me levai, poussé par l'étonnement comme par un ressort, et d'un bond si énergique que je me trouvai subitement debout, me sentant d'une légèreté singulière. A peine avais-je fait quelques pas, que plus de la moitié du poids de

mon corps me parut s'être évaporée pendant mon sommeil ; cette sensation intime me frappa plus profondément encore que la métamorphose de la nature déployée sous mes regards.

C'est à peine si j'en croyais mes yeux et mes sens. D'ailleurs, je n'avais plus absolument les mêmes yeux, je n'entendais plus de la même manière, et je m'aperçus même dès ces premiers instants que mon organisation était douée de plusieurs sens nouveaux, tout différents de ceux de notre harpe terrestre, notamment d'un sens magnétique, par lequel on peut se mettre en communication d'un être à l'autre sans qu'il soit nécessaire de traduire les pensées par des paroles audibles : ce sens rappelle celui de l'aiguille aimantée qui, du fond d'une cave de l'Observatoire de Paris, frissonne et tressaille quand une aurore boréale s'allume en Sibérie, et quand une explosion électrique éclate dans le Soleil.

L'astre du jour venait de s'éteindre dans un lac lointain, et les lueurs roses du crépuscule planaient au fond des cieux comme un dernier rêve de la lumière. Deux Lunes s'allumèrent à diverses hauteurs, la première en forme de croissant, au-dessus du lac dans le sein duquel le soleil avait dis-

paru; la seconde, en forme de premier quartier, beaucoup plus élevée dans le ciel et du côté de l'orient. Elles étaient très petites et ne rappelaient que de bien loin l'immense flambeau des nuits terrestres. C'est comme à regret qu'elles donnaient leur vive mais faible lumière. Je les regardais tour à tour avec stupéfaction. Le plus étrange peut-être encore, dans toute l'étrangeté de ce spectacle, c'est que la Lune occidentale, qui était environ trois fois plus grosse que sa compagne de l'est, tout en étant cinq fois moins large que notre Lune terrestre, marchait dans le ciel d'un mouvement très facile à suivre de l'œil, et semblait courir avec vitesse de la droite vers la gauche pour aller rejoindre à l'orient sa céleste sœur.

On remarquait encore, dans les dernières lueurs du couchant qui s'éteignait, une troisième Lune, ou, pour mieux dire, une brillante étoile. Plus petite que le moindre des deux satellites, elle n'offrait pas de disque sensible ; mais sa lumière était éclatante. Elle planait dans le ciel du soir comme Vénus dans notre ciel lorsqu'aux jours de son plus splendide éclat « l'étoile du berger » règne en souveraine sur les indolentes soirées du printemps aux tendres rêves.

Déjà les plus brillantes étoiles s'allumaien dans les cieux ; on reconnaissait Arcturus aux rayons d'or, Véga, si blanche et si pure, les sept astres du Septentrion, et plusieurs constellations zodiacales. L'étoile du soir, le nouveau Vesper, rayonnait alors dans la constellation des Poissons. Après avoir étudié pendant quelques instants sa situation dans le ciel, m'être orienté moi-même d'après les constellations, avoir examiné les deux satellites et réfléchi à la légèreté de mon propre poids, je ne tardai pas à être convaincu que je me trouvais sur la planète Mars et que cette charmante étoile du soir était... la Terre.

Mes yeux s'arrêtèrent sur elle, imprégnés de ce mélancolique sentiment d'amour qui serre les fibres de notre cœur lorsque notre pensée s'envole vers un être chéri dont une cruelle distance nous sépare ; je contemplai longuement cette patrie où tant de sentiments divers se mélangent et se heurtent dans les fluctuations de la vie et je pensai :

« Combien n'est-il pas regrettable que les innombrables êtres humains qui habitent en ce petit séjour ne sachent pas où ils sont ! Elle est charmante, cette minuscule Terre, ainsi éclairée par le Soleil, avec sa Lune plus microscopique encore, qui semble un point à côté d'elle. Portée dans l'invisible par les lois divines de l'attraction, atome flottant dans l'immense harmonie des cieux, elle occupe sa place et plane là-haut comme une île angélique. Mais ses habitants l'ignorent. Singulière humanité! Elle a trouvé la Terre trop vaste, s'est partagée en troupeaux et passe son temps à s'entre-fusiller. Il y a, dans cette île céleste, autant de soldats que d'habitants! ils se sont tous armés les uns contre les autres, quand il eût été si simple de vivre tranquillement, et trouvent glorieux de changer de temps en temps les noms des pays et la couleur des drapeaux. C'est là l'occupation favorite des nations et l'éducation primordiale des citoyens. Hors de là, ils emploient leur existence à adorer la matière. Ils n'apprécient pas la valeur intellectuelle, restent indifférents aux plus merveilleux problèmes de la création et vivent sans but. Quel dommage ! Un habitant de Paris qui n'aurait jamais entendu prononcer le nom de cette cité ni celui de la France ne serait pas plus étranger qu'eux dans leur propre patrie. Ah! s'ils pouvaient voir la Terre d'ici, avec quel plaisir ils y reviendraient et combien seraient transformées toutes leurs idées générales et particulières. Alors ils connaîtraient au moins le pays qu'ils habitent; ce serait un commencement; ils étudieraient progressivement les réalités sublimes qui les environnent au lieu de végéter sous un brouillard sans horizon, et bientôt ils vivraient de la véritable vie, de la vie intellectuelle. »

« Quel honneur il lui fait! On croirait vraiment qu'il a laissé des amis dans ce bagne-là! »

Je n'avais point parlé. Mais j'entendis fort distinctement cette phrase qui semblait répondre à ma conversation intérieure. Deux habitants de Mars me regardaient, et ils m'avaient compris, en vertu de ce sixième sens de perception magnétique dont il a été question plus haut. Je fus quelque peu surpris, et, l'avouerai-je, sensiblement blessé de l'apostrophe: « Après tout, pensai-je, j'aime la Terre, c'est mon pays, et j'ai du patriotisme ! »

Mes deux voisins rirent cette fois-ci tous les deux ensemble.

« Oui, reprit l'un d'eux avec une bonté inattendue, vous avez du patriotisme. On

voit bien que vous arrivez de la Terre. »
Et le plus âgé ajouta :

« Laissez-les donc, vos compatriotes, ils ne seront jamais ni plus intelligents ni moins aveugles qu'aujourd'hui. Il y a déjà quatre-vingt mille ans qu'ils sont là. Et, vous l'avouez vous-même, ils ne sont pas encore capables de penser... Vous êtes vraiment admirable de regarder la Terre avec des

yeux aussi attendris. C'est trop de naïveté. »
N'avez-vous pas, cher lecteur, rencontré parfois, sur votre passage, de ces hommes

tout pénétrés d'un imperturbable orgueil et qui se croient sincèrement et inébranlablement au-dessus de tout le reste du monde ? Lorsque ces fiers personnages se trouvent en face d'une supériorité, elle leur est instantanément antipathique : ils ne la supportent pas. Eh bien ! pendant le dithyrambe qui précède (et dont vous n'avez eu tout à l'heure qu'une pâle traduction), je me sentais fort supérieur à l'humanité terrestre, puisque je la prenais en pitié et invoquais pour elle de meilleurs jours. Mais quand ces deux habitants de Mars semblèrent me prendre en pitié moi-même, et que je crus reconnaître en eux une froide supériorité sur moi, je fus un instant l'un de ces ineptes orgueilleux ; mon sang ne fit qu'un tour, et tout en me contenant par un restant de politesse française, j'ouvris la bouche pour leur dire :

« Après tout, Messieurs, les habitants de la Terre ne sont pas aussi stupides que vous paraissez le croire et valent peut-être mieux que vous. »

Malheureusement, ils ne me laissèrent

même pas commencer ma phrase, attendu qu'ils l'avaient devinée pendant qu'elle se formait par la vibration des moelles de mon cerveau.

« Permettez-moi de vous dire tout de suite, fit le plus jeune, que votre planète est absolument manquée, par suite d'une circonstance qui date d'une dizaine de millions d'années. C'était au temps de la période primaire de la genèse terrestre. Il y avait déjà des plantes, et même des plantes admirables, et dans le fond des mers comme sur les rivages apparaissaient les premiers animaux, les mollusques sans tête, sourds, muets et dépourvus de sexe. Vous savez que la respiration suffit aux arbres pour leur nourriture complète et que vos chênes les plus robustes, vos cèdres les plus gigantesques, n'ont jamais rien mangé, ce qui ne les a pas empêchés de grandir. Ils se nourrissent par la respiration seule. Le malheur, la fatalité, a voulu qu'un premier mollusque eût le corps traversé par une goutte d'eau plus épaisse que le milieu ambiant. Peut-être la trouva-t-il bonne. Ce fut l'origine du premier tube digestif, qui devait exercer une action si funeste sur l'animalité entière, et plus tard sur l'humanité elle-même. Le premier assassin fut le mollusque qui mangea.

« Ici, on ne mange pas, on n'a jamais mangé, on ne mangera jamais. La création s'est développée graduellement, pacifiquement, noblement, comme elle avait commencé. Les organismes se nourrissent, autrement dit renouvellent leurs molécules, par une simple respiration, comme le font vos arbres terrestres, dont chaque feuille est un petit estomac. Dans votre chère patrie, vous ne pouvez vivre un seul jour qu'à la condition de tuer. Chez vous, la loi de vie, c'est la loi de mort. Ici, il n'est jamais venu à personne l'idée de tuer même un oiseau.

« Vous êtes tous, plus ou moins, des bouchers. Vous avez les bras pleins de sang. Vos estomacs sont gorgés de victuailles. Comment voulez-vous qu'avec des organismes aussi grossiers que ceux-là vous puissiez avoir des idées saines, pures, élevées,

— je dirai même (pardonnez ma franchise), des idées propres? Quelles âmes pourraient habiter de pareils corps? Réfléchissez donc un instant, et ne vous bercez plus d'illusions aveugles trop idéales pour un tel monde.

— Comment! m'écriai-je en l'interrompant, vous nous refusez la possibilité d'avoir des idées propres? Vous prenez les humains pour des animaux? Homère, Platon, Phidias, Sénèque, Virgile, le Dante, Colomb, Bacon, Galilée, Pascal, Léonard, Raphaël, Mozart, Wagner, Beethoven, n'ont-ils jamais eu aucune aspiration élevée? Vous trouvez nos corps grossiers et repoussants : si vous aviez vu passer devant vous Hélène, Phryné, Aspasie, Sapho, Cléopâtre, Lucrèce Borgia, Agnès Sorel, Diane de Poitiers, Marguerite de Valois, Borghèse, Talien, Récamier, Georges et leurs admirables rivales, vous penseriez peut-être d'une façon différente. Ah! cher Martien, à mon tour, permettez-moi de regretter que vous ne connaissiez la Terre que de loin.

— C'est ce qui vous trompe, j'ai habité cinquante ans ce monde-là. Cela m'a suffi, et je vous assure que je n'y retournerai plus. Tout y est manqué, même... ce qui vous paraît le plus charmant. Vous imaginez-vous que sur toutes les Terres du Ciel les fleurs donnent naissance aux fruits de la même façon? Ne serait-ce pas un peu cruel ? Pour moi, j'aime les primevères et les boutons de rose.

— Mais, repris-je, cependant, malgré tout, il y a eu de grands esprits sur la Terre, et, vraiment, d'admirables créatures. Ne peut-on se bercer de l'espérance que la beauté physique et morale ira en se perfectionnant de plus en plus, comme elle l'a fait jusqu'ici, et que les intelligences s'éclaireront progressivement? On ne passe pas tout son temps à manger. Les hommes finiront bien, malgré leurs travaux matériels, par consacrer chaque jour quelques heures au développement de leur intelligence. Alors, sans doute, ils ne continueront plus de fabriquer de petits dieux à leur image, et peut-être aussi supprimeront-ils leurs puériles frontières pour laisser régner l'harmonie et la fraternité.

— Non, mon ami, car, s'ils le voulaient, ils le feraient dès aujourd'hui. Or, ils s'en gardent bien. L'homme terrestre est un petit animal qui, d'une part, n'éprouve pas le besoin de penser, n'ayant même pas l'indépendance de l'âme, et qui, d'autre part, aime se battre et établit carrément le droit sur la force. Tel est son bon plaisir et telle est sa nature. Vous ne ferez jamais porter de pêches à un buisson d'épines.

La planète terrestre est encore à l'état de barbarie. Vous n'avez encore rien trouvé de mieux que l'inepte absurdité du duel pour résoudre une question d'honneur. Les institutions sociales sont établies sur le droit du plus fort et sur le nombre brutal. La région la plus civilisée de la Terre est l'Europe : tous ses citoyens sont élevés dans le culte de l'assassinat international, et des impôts outrageants jettent (je le vois dans votre esprit) six milliards par an, plus de seize millions par jour, aux casernes improductives. La guerre perpétuelle est la joie imbécile des petits, le meilleur mode de domination des grands. Si les citoyens, à quelque nation qu'ils appartiennent, avaient le bon esprit de refuser tous, sans exception, le service militaire, ils mériteraient le titre d'hommes raisonnables. Ils ne le veulent pas, parce qu'ils aiment l'esclavage et que l'état de médiocrité de leur planète est encore trop exquis pour la bête humaine.

— Eh bien, repris-je, j'imagine que nous n'en sommes pas condamnés pour cela à l'impénitence finale. Le jour viendra, dans cent mille ans peut-être, où l'humanité, arrivée à l'âge de raison, ne formera plus qu'une seule famille, parlant la même langue, et où les sentiments de patriotisme qui la divisent encore pour longtemps auront fait place au sentiment unique, général, absolu, de la solidarité humaine. Alors seulement la planète sera transformée et vivra intellectuellement.

— Jamais, reprit l'un des Martiens, jamais votre médiocre planète n'atteindra la perfection de la nôtre. Vous êtes trop lourds. Songez aussi que les plus délicieuses beautés terrestres auxquelles vous faisiez allusion tout à l'heure ne sont que des monstres grossiers à côté de nos aériennes femmes de Mars, qui vivent de l'air de nos printemps, des parfums de nos fleurs, et sont si voluptueuses, dans le seul frémissement de leurs ailes, dans l'idéal baiser d'une bouche qui ne mangea jamais, que si la Béatrix du Dante avait été d'une telle nature, jamais l'immortel Florentin n'eût pu écrire deux chants de sa *Divine Comédie* : il eût commencé par le Paradis et n'en fût jamais descendu. Songez que nos adolescents ont autant de science innée que Pythagore, Archimède, Euclide, Kepler, Newton, Laplace et Darwin après toutes leurs laborieuses études : nos douze sens nous mettent en communication directe avec l'univers ; nous sentons d'ici, à cent millions de lieues, l'attraction de Jupiter qui passe ; nous voyons à l'œil nu les anneaux de Saturne ; nous devinons l'arrivée d'une comète, et notre corps est imprégné de l'électricité solaire qui met en vibration toute la nature. Il n'y a jamais eu ici ni fanatisme religieux, ni bourreaux, ni martyrs, ni divisions internationales, ni guerres ; mais, dès ses premiers jours, l'humanité, naturellement pacifique et affranchie de tout besoin matériel, a vécu indépendante de corps et d'esprit, dans une constante activité intellectuelle, s'élevant sans arrêt dans la connaissance de la vérité.

Mais venez plutôt jusqu'ici. »

Je fis quelques pas avec mes interlocuteurs sur le sommet de la montagne, et arrivant en vue de l'autre versant, j'aperçus une multitude de lumières de diverses nuances voltigeant dans les airs. C'étaient les habitants qui, la nuit, deviennent lumineux quand ils le veulent. Des chars aériens, paraissant formés de

fleurs phosphorescentes, conduisaient des orchestres et des chœurs; l'un d'eux vint à passer près de nous et nous prîmes place au milieu d'un nuage de parfums. Les sensations que j'éprouvais étaient singulièrement étrangères à toutes celles que j'avais goûtées sur la Terre, et cette première nuit sur Mars passa comme un rêve rapide, car à l'aurore je me trouvais encore dans le char aérien, discourant avec mes interlocuteurs, leurs amis et leurs indéfinissables compagnes. Quel panorama au lever du soleil ! Fleurs, fruits, parfums, palais féeriques s'élevaient sur des îles à la végétation orangée, les eaux s'étendaient en limpides miroirs, et de joyeux couples aériens descendaient en tourbillonnant sur ces rivages enchanteurs. Là, tous les travaux matériels sont accomplis par des machines et dirigés par quelques races animales perfectionnées, dont l'intelligence est à peu près du même ordre que celle des humains de la Terre. Les habitants ne vivent que par l'esprit et pour l'esprit ; leur système nerveux est parvenu à un tel degré de développement, que chacun de ces êtres, à la fois très délicat et très fort, semble un appareil électrique, et que leurs impressions les plus sensuelles, ressenties bien plus par leurs âmes que par leurs corps, surpassent au centuple toutes celles que nos cinq sens terrestres réunis peuvent jamais nous offrir.... Une sorte de palais d'été illuminé par les rayons du soleil levant s'ouvrait au-dessous de notre gondole aérienne. Ma voisine, dont les ailes frémissaient d'impatience, posa son pied délicat sur une touffe de fleurs qui s'élevait entre deux jets de parfums. « Retourneras-tu sur la Terre? dit-elle en me tendant les bras.

— Jamais! » m'écriai-je... Et je m'élançai vers elle....

Mais, du même coup, je me retrouvai, solitaire, près de mon bois, sur le versant de la colline aux pieds de laquelle serpentait la Seine aux replis onduleux.

Jamais!... répétai-je, cherchant à ressaisir le doux rêve envolé. Où donc étais-je? C'était beau.

Le soleil venait de se coucher, et déjà la planète Mars, alors très éclatante, s'allumait dans le ciel.

« Ah! fis-je, traversé par une lueur fugitive, j'étais là ! Bercées par la même attraction, les deux planètes voisines se regardent à travers l'espace transparent. N'aurions-nous pas, dans cette fraternité céleste, une première image de l'éternel voyage? La Terre n'est plus seule au monde. Les panoramas de l'infini commencent à s'ouvrir. Que nous habitions ici ou à côté, nous sommes, non les citoyens d'un pays ou d'un monde, mais, en vérité, les CITOYENS DU CIEL. »

III

LA PLANÈTE MARS

Avais-je été le jouet d'un rêve?

Mon esprit s'était-il réellement transporté sur la planète Mars, ou bien étais-je dupe d'une illusion absolument imaginaire?

Le sentiment de la réalité avait été si vif, si intense, et les choses que j'avais vues se trouvaient si parfaitement conformes aux notions scientifiques que nous possédons déjà sur la nature physique du monde martien, que je ne pouvais accepter un doute à cet égard, tout en restant stupéfait de ce voyage extatique et en m'adressant mille questions qui se combattaient les unes les autres.

L'absence de Spero, dans toute cette vision, m'intriguait un peu. Je me sentais toujours si intimement attaché à son cher souvenir qu'il me semblait que j'aurais dû deviner sa présence, voler directement vers lui, le voir, lui parler, l'entendre. Mais le magnétisé de Nancy n'avait-il pas été lui-même le jouet de son imagination, ou de la mienne, ou de celle de l'expérimentateur? D'autre part, en admettant même que réellement mes deux amis fussent réincarnés sur cette planète voisine, je me répondais à moi-même que l'on peut fort bien ne pas se rencontrer en parcourant une même ville et, à plus forte raison, un monde. Et pourtant, ce n'est assurément pas le calcul des probabilités qu'il faudrait invoquer ici, car un sentiment d'attraction tel que celui qui nous unissait devait modifier le hasard des rencontres et jeter dans la balance un élément l'emportant sur tout le reste.

Tout en discourant en moi-même, je rentrai à mon observatoire de Juvisy où j'avais préparé quelques batteries électriques pour une expérience d'optique en correspondance avec la tour de Montlhéry. Lorsque je me fus assuré que tout était bien en ordre, je laissai à mon aide le soin de faire les signaux convenus, de dix à onze heures, et je partis moi-même pour la vieille tour, sur laquelle je m'installais une heure plus tard. La nuit était venue. Du haut de l'antique donjon, l'horizon est parfaitement circulaire, entièrement dégagé sur toute sa circonférence, qui s'étend sur un rayon de vingt à vingt-cinq kilomètres tout autour de ce point central. Un troisième poste d'observation, situé à Paris, était en communication avec nous. Le but

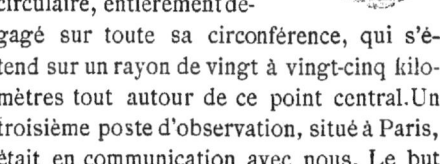

de l'expérience était de savoir si les rayons des diverses couleurs du spectre lumineux voyagent tous avec la même vitesse de trois cent mille kilomètres par seconde. Le résultat fut affirmatif.

Les expériences ayant été terminées vers onze heures, comme la nuit étoilée était merveilleuse et que la lune commençait à se lever, dès que j'eus mis les appareils à l'abri dans l'intérieur de la tour, je remontai sur la plate-forme supérieure pour contempler l'immense paysage éclairé par les premiers rayons de la lune naissante. L'atmosphère était calme, tiède, presque chaude.

Mais mon pied était encore sur la dernière marche, que je m'arrêtai, pétrifié d'effroi, en jetant un cri qui parut s'immobiliser dans ma gorge. Spero, oui, Spero lui-même était là, devant moi, assis sur le parapet. Je levai les bras vers le ciel et me sentis près de m'évanouir ; mais il me dit, de sa voix très douce que je connaissais si bien :

« Est-ce que je te fais peur? »

Je n'eus la force ni de répondre ni d'avancer. Pourtant, j'osai regarder en face mon ami, qui souriait. Son cher visage, éclairé par la lune, était tel que je l'avais vu lors de son départ de Paris pour Christiania,

jeune, agréable, pensif, avec un regard fort brillant. Je quittai la dernière marche et j'eus l'impulsion intime de me précipiter vers lui pour l'embrasser. Mais je n'osai, et je restai devant lui à le regarder.

J'avais repris l'usage de mes sens.
« Spero!... C'est toi!... » m'écriai-je.

« J'étais là pendant ton expérience, répondit-il, et c'est même moi qui t'ai donné l'idée de comparer l'extrême violet à l'extrême rouge pour la vitesse des ondes lumineuses. Seulement, j'étais invisible, comme les rayons ultra-violets.

— Voyons! est-ce possible? Laisse-moi te regarder, te toucher. »

Je passai les mains sur son visage, sur son corps, dans sa chevelure, et j'eus absolument la même impression que si c'eût été un être vivant. Ma raison se refusait à admettre le témoignage de mes yeux, de mes mains et de mes oreilles, et pourtant je ne pouvais douter que ce ne fût bien lui. Il n'y a pas de sosie pareil. Et puis, mes doutes se seraient envolés dès ses premières paroles, car il ajouta aussitôt :

« Mon corps dort en ce moment sur Mars.

— Ainsi, fis-je, tu existes toujours, tu vis encore... et tu connais enfin la réponse au grand problème qui t'a tant tourmenté... Et Icléa ?

« — Nous allons causer, répliqua-t-il. J'ai beaucoup de choses à te dire. »

Je m'assis auprès de lui, sur le rebord du large parapet qui domine la vieille tour, et voici ce que j'entendis :

Quelque temps après l'accident du lac de Tyrifiorden, il s'était senti se réveillant comme d'un long et lourd sommeil. Il était seul, dans la nuit noire, sur les rives d'un lac, se sentait vivant, mais ne pouvait ni se voir ni se toucher. L'air ne le frappait pas. Il n'était pas seulement léger, mais impondérable. Ce qui lui paraissait subsister de lui, c'était seulement sa faculté de penser.

Sa première idée, en rappelant ses souvenirs, fut qu'il se réveillait de sa chute sur le lac norvégien. Mais, lorsque le jour arriva, il s'aperçut qu'il était sur un autre monde. Les deux lunes qui tournaient rapidement dans le ciel, en sens contraire l'une de l'autre, lui firent penser qu'il se trouvait sur notre voisine la planète Mars, et d'autres témoignages ne tardèrent pas à le lui prouver.

Il y demeura un certain temps à l'état d'esprit, y reconnut la présence d'une humanité fort élégante, dans laquelle le sexe féminin règne en souverain, par une supériorité incontestée sur le sexe masculin. Les organismes sont légers et délicats, la densité des corps est très faible, la pesanteur plus faible encore ; à la surface de ce monde la force matérielle ne joue qu'un rôle secondaire dans la nature ; la finesse des sensations décide de tout. Il y a là un grand nombre d'espèces animales et plusieurs races humaines. Dans toutes ces espèces et dans toutes ces races, le sexe féminin est plus beau et plus fort (la force consistant dans la supériorité des sensations) que le sexe masculin, et c'est lui qui régit le monde.

Son grand désir de connaître la vie qu'il avait devant lui le décida à ne point demeurer longtemps à l'état d'esprit contemplateur, mais à renaître sous une forme corporelle humaine, et, étant donnée la condition organique de cette planète, sous la forme féminine.

Déjà, parmi les âmes terrestres flottantes

dans l'atmosphère de Mars, il avait rencontré (car les âmes se sentent) celle d'Icléa, qu'il avait suivie, guidé par une attraction constante. Elle, de son côté, s'était sentie portée vers une incarnation masculine.

Ils étaient ainsi réunis l'un et l'autre, en l'un des pays les plus privilégiés de ce monde, voisins et prédestinés à se rencontrer de nouveau dans la vie et à partager les mêmes émotions, les mêmes pensées, les mêmes œuvres. Aussi, quoique la mémoire de leur existence terrestre restât voilée et comme effacée par la transformation nouvelle, cependant un vague sentiment de parenté spirituelle et un attachement sympathique immédiat les avaient réunis dès qu'ils s'étaient revus. Leur supériorité psychique, la nature de leurs pensées habituelles, l'état de leur esprit accoutumé à chercher les fins et les causes, leur avaient donné à tous les deux une sorte de clairvoyance intime qui les dégageait de l'ignorance générale des vivants. Ils s'étaient aimés si soudain, ils avaient subi si passivement l'influence magnétique du coup de foudre de leur rencontre, qu'ils n'avaient bientôt fait qu'un seul et même être, unis comme au moment de la séparation terrestre. Ils se souvenaient de s'être déjà rencontrés, ils étaient convaincus que c'était sur la Terre, sur cette planète voisine qui brille le soir d'un si vif éclat dans le ciel de Mars, et parfois, dans leurs vols solitaires au-dessus des collines peuplées de plantes aériennes, ils contemplaient « l'étoile du soir » en cherchant à renouer le fil brisé d'une tradition interrompue.

Un événement inattendu vint expliquer leurs réminiscences et leur prouver qu'ils ne se trompaient pas.

Les habitants de Mars sont très supérieurs à ceux de la Terre, par leur organisation, par le nombre et la finesse de leurs sens, et par leurs facultés intellectuelles.

Le fait que la densité est très faible à la surface de ce monde et que les substances constitutives des corps sont moins lourdes là qu'ici, a permis la formation d'êtres incomparablement moins pesants, plus aériens, plus délicats, plus sensibles. Le fait que l'atmosphère est nutritive a affranchi les organismes martiens de la grossièreté des besoins terrestres. C'est un tout autre état. La lumière y est moins vive, cette planète étant plus éloignée du soleil que nous, et le nerf optique est plus sensible. Les influences électriques et magnétiques y étant très intenses, les habitants possèdent des sens inconnus aux organisations terrestres, sens qui les mettent en communication avec ces influences. Tout se tient dans la nature. Les êtres sont partout appropriés aux milieux qu'ils habitent et au sein desquels ils ont pris naissance. Les organismes ne peuvent pas plus être terrestres sur Mars qu'ils ne peuvent être aériens au fond de la mer.

De plus, l'état de supériorité préparé par cet ordre de choses s'est développé de lui-même par la facilité de la réalisation de tout travail intellectuel. La nature semble obéir à la pensée. L'architecte qui veut élever un édifice, l'ingénieur qui veut modifier la surface du sol, soit qu'il s'agisse de creuser ou d'élever, de couper les montagnes ou de combler les vallées, ne se heurtent point comme ici au poids des matériaux et aux difficultés matérielles. Aussi l'art a-t-il fait dès l'origine les progrès les plus rapides.

De plus, encore, l'humanité martienne étant de plusieurs centaines de milliers d'années antérieure à l'humanité terrestre a parcouru antérieurement à elle toutes les phases de son développement. Nos progrès scientifiques actuels les plus transcendants ne sont que de puérils jeux d'enfants comparés à la science des habitants de cette planète.

En astronomie particulièrement, ils sont incomparablement plus avancés que nous et connaissent beaucoup mieux la Terre que nous ne connaissons leur patrie.

Ils ont inventé, entre autres, une sorte d'appareil téléphotographique dans lequel un rouleau d'étoffe reçoit perpétuellement, en se déroulant l'image de notre monde et la fixe inaltérablement. Un immense musée, consacré spécialement aux planètes du système solaire, conserve dans l'ordre chronologique toutes ces images photographiques fixées pour toujours. On y retrouve toute l'histoire de la Terre ; la France du temps de Charlemagne, la Grèce du temps d'Alexandre, l'Égypte du temps de Rhamsès. Des microscopes permettent d'y reconnaître même les détails historiques, tels que Paris pendant la Révolution française, Rome sous le pontificat de Borgia, la flotte espagnole de Christophe Colomb arrivant en Amérique, les Francs de Clovis prenant possession des Gaules, l'armée de Jules César arrêtée dans sa conquête de l'Angleterre par la marée qui emporta ses vaisseaux, les troupes du roi David, fondateur des armées permanentes, ainsi que la plupart des scènes historiques, reconnaissables à certains caractères spéciaux.

Un jour que les deux amis visitaient ce musée, leur réminiscence, vague jusque-là, s'illumina comme un paysage nocturne traversé par un éclair. Tout d'un coup ils *reconnurent* l'aspect de Paris pendant l'exposition de 1867. Leur souvenir se précisa. Chacun d'eux sentit séparément qu'il avait vécu là, et sous cette impression si vive, ils furent aussitôt dominés par la certitude d'y avoir vécu ensemble. Leur mémoire s'éclaira graduellement, non plus par lueurs interrompues, mais plutôt comme à la lumière grandissante du commencement de l'aurore.

Ils se souvinrent alors, l'un et l'autre, comme par inspiration, de cette parole de l'Évangile :

« Il y a plusieurs demeures dans la maison de mon père. »

Et de cette autre, de Jésus à Nicodème :

« En vérité je te le dis, si un homme ne naît de nouveau, il ne verra pas le royaume de Dieu.... Il faut que vous naissiez de nouveau. »

Depuis ce jour, ils ne conservèrent plus aucun doute sur leur existence terrestre antérieure et demeurèrent intimement convaincus qu'ils continuaient sur la planète Mars leur vie précédente. Ils appartenaient au cycle des grands esprits de tous les siècles, qui savent que la destinée humaine ne s'arrête pas au monde actuel et se continue dans le ciel — et qui savent aussi que chaque planète, Terre, Mars, ou autre, est un astre du ciel.

Le fait assez singulier du changement de

sexe, qui me semblait avoir une certaine importance, n'en avait, paraît-il, aucune. Contrairement à ce qui est admis parmi nous, il m'apprit que les âmes sont insexuées et ont une destinée égale. J'appris aussi que sur cette planète moins matérielle que la nôtre, l'organisation ne ressemble en rien à celle des corps terrestres. Les conceptions et les naissances s'y effectuent par un tout autre mode, qui rappelle, mais sous une forme spirituelle, la fécondation des fleurs et leur épanouissement. Le plaisir est sans amertume. On n'y connaît point les lourds fardeaux terrestres ni les déchirements de la douleur. Tout y est plus aérien, plus éthéré, plus immatériel. On pourrait appeler les Martiens des fleurs vivantes, ailées et pensantes. Mais, en fait, aucun être terrestre ne peut servir de comparaison pour nous aider à concevoir leur forme et leur mode d'existence.

J'écoutais le récit de l'âme défunte, sans presque l'interrompre, car il me semblait toujours qu'elle allait disparaître comme elle était venue. Cependant, au souvenir de mon rêve, qui m'était rappelé par la coïncidence des descriptions précédentes avec ce que j'avais vu, je ne pus m'empêcher de faire part à mon céleste ami de ce rêve si surprenant et de lui exprimer mon étonnement de ne pas l'avoir revu dans ce voyage sur Mars — ce qui me faisait douter de la réalité de ce voyage.

« Mais, répliqua-t-il, — je t'ai parfaitement vu, et tu m'as vu aussi, et tu m'as parlé.... Car c'était moi.... »

L'intonation de sa voix fut si étrange, à ces dernières paroles, que je reconnus subitement en elle la voix si mélodieuse de cette belle Martienne qui tant m'avait frappé.

« Oui, reprit-il, c'était moi, je cherchais à me faire connaître, mais, ébloui par un spectacle qui captivait ton esprit, tu ne te dégageais pas des sensations terrestres, tu restais sensuel et terrien, et tu n'es pas parvenu à t'élever vers la perception pure. Oui, c'est moi qui te tendais les bras pour te faire descendre du char aérien vers notre demeure, lorsque subitement tu t'es réveillé.

— Mais alors, m'écriai-je, si tu es cette Martienne, comment m'apparais-tu ici sous la forme de Spero, qui n'existe plus?

— Ce n'est pas sur ta rétine ni sur ton nerf optique que j'agis, répliqua-t-il, mais sur ton être mental et sur ton cerveau. Je suis en ce moment en communication avec toi, j'influence directement le siège cérébral de ta sensation. En réalité, mon être mental est sans forme, comme le tien et comme toutes les âmes. Mais lorsque je me mets comme en ce moment en relation directe avec ta pensée, tu ne peux me voir que tel que tu m'as connu. Il en est de même pendant le rêve, c'est-à-dire pendant plus du quart de votre vie terrestre — pendant vingt années sur soixante-dix; — vous voyez, vous entendez, vous parlez, vous touchez, avec la même impression, la même netteté, la même certitude que pendant la vie normale, et pourtant vos yeux sont fermés, votre tympan est insensible, votre bouche est muette, vos bras sont étendus sans mouvement. Il en est de même aussi dans les états de somnambulisme, d'hypnotisme, de suggestion. Tu me vois, tu m'entends, tu me touches, par ton cerveau influencé. Mais je ne suis pas plus sous la forme que tu vois, que l'arc-en-ciel n'existe devant les yeux de celui qui le regarde.

— Est-ce que tu pourrais aussi m'apparaître sous ta forme martienne ?

— Non ; à moins que tu ne sois réellement transporté en esprit sur la planète. Ce serait là un tout autre mode de communication. Ici, dans notre entretien, tout est subjectif pour toi. Les éléments de ma forme martienne n'existent pas dans l'atmosphère terrestre, et ton cerveau ne se les figurerait pas. Tu ne pourrais me revoir que par le souvenir de ton rêve d'aujourd'hui ; mais, dès que tu chercherais à analyser les détails, l'image s'évanouirait. Tu ne nous a pas vus exactement tels que nous sommes, parce que ton esprit ne peut juger que par tes yeux terrestres, qui ne sont pas sensibles pour toutes les radiations, et parce que vous ne possédez pas tous nos sens.

— J'avoue, répliquai-je, que je ne conçois

pas bien votre vie martienne à l'état d'êtres à six membres.

— Si ces formes n'étaient aussi élégantes, elles t'auraient paru monstrueuses. Chaque monde a ses organismes appropriés à ses conditions d'existence. Je t'avoue à mon tour que, pour les habitants de Mars, l'Apollon du Belvédère et la Vénus de Médicis sont de véritables monstruosités, à cause de leur lourdeur animale.

« Chez nous, tout est d'une exquise légèreté. Quoique notre planète soit beaucoup plus petite que la vôtre, cependant les êtres y sont plus grands qu'ici, parce que la pesanteur est plus faible et que les organismes peuvent s'élever plus haut sans en être empêchés par leur poids et sans mettre en péril la stabilité.

« Ils sont plus grands et plus légers parce que les matériaux constitutifs de cette planète ont une densité très faible. Il est arrivé là ce qui serait arrivé sur la Terre si la pesanteur n'y était pas aussi intense. Les espèces ailées auraient dominé le monde, au lieu de s'atrophier dans l'impossibilité d'un développement. Sur Mars le développement organique s'est effectué dans la série des espèces ailées. L'humanité martienne est en effet une race d'origine sextupède; mais elle est actuellement bipède, bimane, et ce que l'on pourrait appeler biale, puisque ces êtres ont deux ailes.

« Le genre de vie est tout différent de la vie terrestre, d'abord parce qu'on vit autant dans les airs et dans les plantes aériennes qu'à la surface du sol, ensuite parce qu'on ne mange pas, l'atmosphère étant nutritive. Les passions n'y sont point les mêmes. Le meurtre y est inconnu. L'humanité, étant sans besoins matériels, n'y a jamais vécu, même aux âges primitifs, dans la barbarie de la rapine et de la guerre. Les idées et les sentiments sont d'un ordre tout intellectuel.

« Néanmoins on retrouve dans le séjour de cette planète, sinon des ressemblances, du moins des analogies. Ainsi il y a là comme sur la Terre une succession de jours et de nuits qui ne diffère pas essentiellement de ce qui existe chez vous, la durée du jour et de la nuit y étant de 24 heures 39 minutes

35 secondes. Comme il y a 668 de ces jours dans l'année martienne, nous avons plus de temps que vous pour nos travaux, nos recherches, nos études, nos jouissances. Nos saisons sont également près de deux fois plus longues que les vôtres, mais elles ont la même intensité. Les climats ne sont pas très différents; telle contrée de Mars, sur les rives de la mer équatoriale, diffère moins du climat de la France que la Laponie ne diffère de la Nubie.

« Un habitant de la Terre ne s'y trouve pas trop dépaysé. La plus forte dissemblance entre les deux mondes consiste certainement dans la grande supériorité de cette humanité sur la vôtre.

« Cette supériorité est due principalement aux progrès réalisés par la science astronomique et à la propagation universelle, parmi tous les habitants de la planète, de cette science sans laquelle il est impossible de penser juste, sans laquelle on n'a que des idées fausses sur la vie, sur la création, sur les destinées. Nous sommes très favorisés, tant par l'acuité de nos sens que par la pu-

reté de notre ciel. Il y a beaucoup moins
d'eau sur Mars que sur la Terre, et
beaucoup moins de nuages.

« Le ciel y est presque constamment beau, surtout dans la zone tempérée.

— Cependant, vous avez souvent des inondations.

— Oui, et tout dernièrement encore vos télescopes en ont signalé une fort étendue, le long des rivages d'une mer à laquelle tes collègues ont donné un nom qui me restera toujours cher, même loin de la Terre. La plupart de nos rivages sont des plages, des plaines unies. Nous avons peu de montagnes, et les mers ne sont pas profondes. Les habitants se servent de ces débordements pour l'irrigation des vastes campagnes. Ils ont rectifié, élargi, canalisé, les cours d'eau, et construit sur les conti-

nents tout un réseau de canaux immenses. Ces continents eux-mêmes ne sont pas, comme ceux du globe terrestre, hérissés de soulèvements alpestres ou himalayens, mais sont des *plaines immenses*, traversées en tous sens par les fleuves canalisés et par les canaux qui mettent en communication toutes les mers les unes avec les autres.

« Autrefois, il y avait, relativement au volume de la planète, presque autant d'eau sur Mars que sur la Terre. Insensiblement, de siècle en siècle, une partie de l'eau des pluies a traversé les couches profondes du sol et n'est plus revenue à la surface. Elle s'est combinée chimiquement avec les roches et s'est exclue du cours de la circulation atmosphérique. De siècle en siècle aussi, les pluies, les neiges, les vents, les gelées de l'hiver, les sécheresses de l'été, ont désagrégé les montagnes, et les cours d'eau, en amenant ces débris dans le bassin des mers, en ont graduellement exhaussé le lit. Nous n'avons plus de grands océans ni de mers profondes, mais seulement des méditerranées. Beaucoup de détroits, de golfes, de mers analogues à la Manche, à la mer Rouge, à l'Adriatique, à la Baltique, à la Caspienne. Rivages agréables, havres tranquilles, lacs et larges fleuves, flottes aériennes plutôt qu'aquatiques, ciel presque toujours pur, surtout le matin. Il n'est point de matinées terrestres aussi lumineuses que les nôtres.

« Le régime météorologique diffère sensiblement de celui de la Terre, parce que, l'atmosphère étant plus raréfiée, les eaux, tout en surface d'ailleurs, s'évaporent plus facilement, ensuite parce qu'en se condensant de nouveau, au lieu de former des nuages durables elles repassent presque sans transition de l'état gazeux à l'état liquide. Peu de nuages et peu de brouillards.

« L'astronomie y est cultivée à cause de la pureté du ciel. Nous avons deux satellites dont l'un se lève au couchant et se couche au levant, traversant le ciel de l'ouest à l'est en cinq heures et demie et passant d'une phase à l'autre en moins de trois heures ! C'est là un spectacle unique dans tout le système solaire et qui a beaucoup contribué à attirer l'attention des habitants vers l'étude du ciel. De plus, nous avons des éclipses de lunes presque tous les jours ; mais jamais d'éclipses totales de soleil, parce que nos satellites sont trop petits.

« La Terre nous apparaît comme Vénus

vous apparaît à vous-mêmes. Elle est pour nous l'étoile du matin et du soir, et dans l'antiquité, avant l'invention des instruments d'optique qui nous ont appris que c'est une planète habitée comme la vôtre — mais inférieurement — nos ancêtres l'adoraient, saluant en elle une divinité tutélaire. Tous les mondes ont une mythologie pendant leurs siècles d'enfance, et cette mythologie a pour origine, pour base et pour objet l'aspect apparent des corps célestes.

« Quelquefois la Terre, accompagnée de la lune, passe pour nous devant le soleil et se projette sur son disque comme une petite tache noire accompagnée d'une autre plus petite. Ici, tout le monde suit avec curiosité ces phénomènes célestes. Nos journaux s'occupent beaucoup plus de science que de théâtres, de fantaisies littéraires, de querelles politiques ou de tribunaux.

Le Soleil nous paraît un peu plus petit, et nous en recevons un peu moins de lumière et de chaleur. Nos yeux, plus sensibles, voient mieux que les vôtres. La température est un peu plus élevée.

— Comment, répliquai-je, vous êtes plus loin du Soleil et vous avez plus chaud que nous?

— Chamounix est un peu plus loin du soleil de midi que le sommet du Mont Blanc, reprit-il. La distance au Soleil ne règle pas seule les températures : il faut tenir compte, en même temps, de la constitution de l'atmosphère. Nos glaces polaires fondent plus complètement que les vôtres sous notre soleil d'été.

— Quels sont les pays de Mars les plus peuplés?

— Il n'y a guère que les contrées polaires (où vous voyez de la Terre les neiges et les glaces fondre à chaque printemps) qui soient inhabitées. La population des régions tempérées est très dense, mais ce sont encore les terres équatoriales les plus peuplées et surtout les rivages des mers, malgré les débordements. Un grand nombre de cités sont presque bâties sur l'eau, suspendues dans les airs, en quelque sorte, dominant les inondations calculées d'avance et attendues.

— Vos arts, votre industrie, ressemblent-ils aux nôtres ? Avez-vous des chemins de fer, des navires à vapeur, le télégraphe, le téléphone ?

— C'est tout autre. Nous n'avons jamais eu ni vapeur ni chemins de fer, parce que nous avons toujours connu l'électricité et que la navigation aérienne nous est naturelle. Nos flottes sont mues par l'électricité, et plus aériennes qu'aquatiques. Nous vivons surtout dans l'atmosphère, et n'avons pas de demeures de pierre, de fer et de bois. Nous ne connaissons pas les rigueurs de l'hiver parce que personne n'y reste exposé; ceux qui n'habitent pas les contrées équatoriales émigrent chaque automne, comme vos oiseaux. Il te serait fort difficile de te former une idée exacte de notre genre de vie.

— Existe-t-il sur Mars un grand nombre d'humains ayant déjà habité la Terre ?

— Non. Parmi les citoyens de votre planète, la plupart sont ou ignorants, ou indifférents, ou sceptiques, et non préparés à la vie de l'esprit. Ils sont attachés à la Terre, et pour longtemps. Beaucoup d'âmes dorment complètement. Celles qui vivent, qui agissent, qui aspirent à la connaissance du vrai sont les seules qui soient appelées à l'immortalité consciente, les seules que le monde spirituel intéresse et qui soient aptes à le comprendre. Ces âmes peuvent quitter la Terre et revivre en d'autres patries. Plusieurs viennent pendant quelque temps habiter Mars, première étape d'un voyage ultra-terrestre en s'éloignant du Soleil, ou Vénus, premier séjour en deçà; mais Vénus est un monde analogue à la Terre et moins privilégié encore, à cause de ses trop rapides saisons qui obligent les organismes à subir les plus brusques contrastes de températures. Certains esprits s'envolent immédiatement jusqu'aux régions étoilées. Comme tu le sais, l'espace n'existe pas. En résumé, la justice règne dans le système du monde moral comme l'équilibre dans le système du monde physique, et la destinée des âmes n'est que le résultat perpétuel de leurs aptitudes, de leurs aspirations et par conséquent *de leurs œuvres*. La voie uranique est ouverte à tous, mais l'âme n'est véritablement uranienne que lorsqu'elle s'est entièrement dégagée du poids de la vie matérielle. Le jour viendra où il n'y aura plus sur votre planète même d'autre croyance ni d'autre religion que la connaissance de l'univers et la certitude de l'immortalité dans ses régions infinies, dans son domaine éternel.

— Quelle étrange singularité, fis-je, que personne sur la Terre ne connaisse ces vérités sublimes! Personne ne regarde le ciel. On vit ici-bas comme si notre îlot existait seul au monde.

— L'humanité terrestre est jeune, répliqua Spero. Il ne faut pas désespérer. Elle est enfant, et encore dans l'ignorance primitive. Elle s'amuse à des riens, obéit à des maîtres qu'elle se donne elle-même. Vous aimez vous diviser en nations et vous affubler de costumes nationaux pour vous exterminer en musique. Puis vous élevez des statues à ceux qui vous ont menés à la boucherie. Vous vous ruinez et vous suicidez, et pourtant vous ne pouvez pas vivre sans arracher à la Terre votre pain quotidien. C'est là une triste situation, mais qui suffit largement à la plupart des habitants de votre planète. Si quelques-uns, d'aspirations plus élevées, ont parfois pensé aux problèmes de l'ordre supérieur, à la nature de l'âme, à l'existence de Dieu, le résultat n'a pas été meilleur, car ils ont mis les âmes hors la nature et ont inventé des dieux bizarres, infâmes, qui n'ont jamais existé que dans leur imagination pervertie, et au nom desquels ils ont commis tous les attentats à la conscience humaine, béni tous les crimes et asservi les esprits faibles dans un esclavage dont il sera difficile de s'affranchir. Le moindre animal, sur Mars, est meilleur, plus beau, plus doux, plus intelligent et plus grand que le dieu des armées de David, de Constantin, de Charlemagne, et de tous vos assassins couronnés. Il n'y a donc pas à s'étonner de la sottise et de la grossièreté des Terriens. Mais la loi du progrès régit le monde. Vous êtes plus avancés qu'au temps de vos ancêtres de l'âge de la pierre, dont la misérable existence se passait à disputer leurs jours et leurs nuits aux bêtes féroces. Dans quelques milliers d'années, vous serez plus avancés qu'aujourd'hui. Alors Uranie régnera dans vos cœurs.

— Il faudrait un fait matériel, brutal, pour instruire les humains et les convaincre. Si, par exemple, nous pouvions entrer quelque jour en communication avec la terre voisine que tu habites, non pas en communication psychique avec un être isolé comme je le fais en ce moment, mais avec la planète elle-même, par des centaines et des milliers de témoins, ce serait une envolée gigantesque vers le progrès.

— Vous le pourriez dès maintenant si vous le vouliez, car pour nous, sur Mars, nous y sommes tout préparés et l'avons même déjà essayé maintes fois. Mais vous ne nous avez jamais répondu ! Des réflecteurs solaires dessinant sur nos vastes plaines des figures géométriques vous prouvent que nous existons. Vous pourriez nous répondre par des figures semblables tracées aussi sur vos plaines, soit pendant le jour, au soleil, soit pendant la nuit à la lumière électrique. Mais vous n'y songez même pas, et si quelqu'un d'entre vous proposait de l'essayer, vos juges le mettraient en interdit, car cette seule idée est inaccessiblement au-dessus du suffrage universel des citoyens de ta planète. A quoi s'occupent vos assemblées scientifiques? à conserver le passé. A quoi s'occupent vos assemblées politiques? à accroître les charges publiques. Dans le royaume des aveugles les borgnes sont rois.

Mais il n'y a pas à désespérer tout à fait. Le progrès vous emporte malgré vous. Un jour aussi vous saurez que vous êtes citoyens du ciel. Alors vous vivrez dans la lumière, dans le savoir, dans le véritable monde de l'esprit. »

Tandis que l'habitant de Mars me faisait ainsi connaître les traits principaux de sa nouvelle patrie, le globe terrestre avait tourné vers l'orient, l'horizon s'était incliné, et la lune s'était élevée graduellement dans le ciel qu'elle illuminait de son éclat. Tout à coup, en abaissant mes yeux vers la place où Spero était assis, je ne pus réprimer un mouvement de surprise. Le clair de lune répandait sa lumière sur sa personne aussi bien que sur la mienne, et pourtant, tandis que mon corps portait ombre sur le parapet, le sien restait sans ombre !

Je me levai brusquement pour mieux vérifier le fait et je me tournai aussitôt en étendant la main jusqu'à son épaule et en suivant sur le parapet la silhouette de mon geste. Mais, instantanément, mon visiteur avait disparu. J'étais absolument seul, sur la tour silencieuse. Ma silhouette, très noire, se projetait nettement sur le parapet. La lune était brillante. Le village dormait à mes pieds. L'air était tiède et sans brises.

Cependant il me sembla entendre des pas. Je prêtai l'oreille, et j'entendis en effet des pas assez lourds et se rapprochant de moi. Évidemment on montait dans la tour.

« Monsieur n'est pas encore descendu ! fit le gardien en arrivant au sommet. J'attendais toujours pour fermer les portes, et il me semblait bien que les expériences étaient finies. »

IV

LE POINT FIXE DANS L'UNIVERS

Le souvenir d'Uranie, du voyage céleste dans lequel elle m'avait transporté, des vérités qu'elle m'avait fait pressentir, l'histoire de Spero, de ses combats à la poursuite de l'absolu, son apparition, son récit d'un autre monde, ne cessaient d'occuper ma pensée et de replacer perpétuellement devant mon esprit les mêmes problèmes, en partie résolus, en partie voilés dans l'incertitude de nos sciences. Je sentais que graduellement je m'étais élevé dans la perception de la vérité et que vraiment l'univers visible n'est qu'une apparence qu'il faut traverser pour parvenir à la réalité.

Tout n'est qu'illusion dans le témoignage de nos sens. La Terre n'est point ce qu'elle nous paraît être, la nature n'est pas ce que nous croyons.

Dans l'univers physique lui-même, où est *le point fixe* sur lequel la création matérielle est en équilibre?

L'impression directe et naturelle donnée par l'observation de la nature est que nous habitons à la surface d'une Terre solide, stable, fixe au centre de l'univers. Il a fallu de longs siècles d'études et une audacieuse témérité d'esprit pour arriver à s'affranchir de cette impression naturelle et à reconnaître que le monde où nous sommes est isolé dans l'espace, sans soutien d'aucune sorte, en mouvement rapide sur lui-même et autour du Soleil. Mais, pour les siècles antérieurs à l'analyse scientifique, pour les peuples primitifs, et encore aujourd'hui pour les trois quarts du genre humain, nous avons les pieds appuyés sur une terre solide, fixée à la base de l'univers, et dont les fondements doivent s'étendre jusqu'à l'infini dans les profondeurs.

Du jour, cependant, où il fut reconnu que c'est le même Soleil qui se couche et se lève tous les jours, que c'est la même Lune, que ce sont les mêmes étoiles, les mêmes constellations qui tournent autour de nous, on fut par cela même conduit à admettre, avec une incontestable certitude, qu'il y a au-dessous de la Terre la place vide nécessaire pour laisser passer tous les astres du firmament, depuis leur coucher jusqu'à leur lever. Cette première reconnaissance était d'un poids capital. L'admission de l'isolement de la Terre dans l'espace a été la première grande conquête de l'Astronomie. C'était le premier pas, et le plus difficile, en vérité. Songez donc! Supprimer les fondations de la Terre ! Une telle idée n'aurait jamais germé dans aucun cerveau sans l'observation des astres, sans la transparence de l'atmosphère, par exemple. Sous un ciel perpétuellement nuageux, la pensée humaine restait fixée au sol terrestre comme l'huître au rocher.

Une fois la Terre isolée dans l'espace, le premier pas était fait. Avant cette révolution, dont la portée philosophique égale la valeur scientifique, toutes les formes avaient été imaginées pour notre séjour sublunaire. Et d'abord, on avait considéré la Terre comme une île émergeant au-dessus d'un océan sans bornes, cette île ayant des racines infinies. Ensuite, on avait supposé à la Terre entière, avec ses mers, la forme d'un disque plat, circulaire, tout autour duquel venait s'appuyer la voûte du firmament. Plus tard, on lui avait imaginé des formes cubiques, cylindriques, polyédriques, etc. Cependant les progrès de la navigation tendaient à révéler sa nature sphérique et, lorsque son isolement fut reconnu avec ses témoignages incontestables, cette sphéricité fut admise comme un corollaire naturel de cet isolement et du mouvement circulaire des sphères célestes autour du globe supposé central.

Le globe terrestre dès lors reconnu isolé dans le vide, le remuer n'était plus difficile. Jadis, lorsque le Ciel était regardé comme un dôme couronnant la Terre massive et indéfinie, l'idée même de la supposer en mouvement eût été aussi absurde qu'insoutenable. Mais du jour où nous la voyons, en esprit, placée comme un globe au centre des mouvements célestes, l'idée d'imaginer que, peut-être, ce globe pourrait tourner sur lui-même pour éviter au Ciel entier, à l'univers immense, l'obligation d'accomplir cette opération quotidienne, peut venir naturellement à l'esprit du penseur ; et en effet, nous voyons l'hypothèse de la rotation diurne du globe terrestre se faire jour dans les anciennes civilisations, chez les Grecs, chez les Égyptiens, chez les Indiens, etc. Il suffit de lire quelques chapitres de Ptolémée, de Plutarque, du Surya-Siddhanta, pour se rendre compte de ces tentatives. Mais cette nouvelle hypothèse, quoique ayant été préparée par la première, n'en était pas moins audacieuse, et contraire au sentiment né de la contemplation directe de la nature. L'humanité pensante a dû attendre jusqu'au seizième siècle de notre ère, ou, pour mieux dire, jusqu'au dix-septième siècle, pour connaître la véritable position de notre planète dans l'univers et *savoir*, avec témoignages à l'appui, qu'elle se meut d'un double mouvement, quotidiennement sur elle-même, annuellement autour du Soleil. A dater de cette époque seulement, à dater de Copernic, Galilée, Kepler et Newton, l'Astronomie réelle a été fondée.

Ce n'était pourtant là encore qu'un commencement, car le grand rénovateur du système du monde, Copernic lui-même, ne se doutait ni des autres mouvements de la Terre ni des distances des étoiles. Ce n'est qu'en notre siècle que les premières distances d'étoiles ont pu être mesurées, et ce n'est que de nos jours que les découvertes sidérales nous ont offert les données nécessaires pour nous permettre d'essayer de nous rendre compte des forces qui maintiennent l'équilibre de la Création.

L'idée antique des racines sans fin attribuées à la Terre laissait évidemment beaucoup à désirer aux esprits soucieux d'aller au fond des choses. Il nous est absolument impossible de concevoir un pilier matériel, aussi épais et aussi large qu'on le voudra (du diamètre de la Terre, par exemple), s'enfonçant jusqu'à l'infini, de même qu'on ne peut pas admettre l'existence réelle d'un bâton qui n'aurait qu'un bout. Aussi loin que notre esprit descende vers la base de ce pilier matériel, il arrive un point où il en voit la fin. On avait dissimulé la difficulté en matérialisant la sphère céleste et en posant la Terre dedans, occupant toute sa région inférieure. Mais, d'une part, les mouvements des astres devenaient difficiles à justifier, et, d'autre part, cet univers matériel lui-même, enfermé dans un immense globe de cristal, n'était tenu par rien, puisque l'infini devait s'étendre tout autour, au-dessous de lui aussi bien qu'au-dessus. Les esprits chercheurs durent d'abord s'affranchir de l'idée vulgaire de la pesanteur.

Isolée dans l'espace, comme un ballon d'enfant flottant dans l'air, et plus absolument encore, puisque le ballon est porté par les vagues aériennes, tandis que les mondes gravitent dans le vide, la Terre est un jouet pour les forces cosmiques invisibles auxquelles elle obéit, véritable bulle de savon sensible au moindre souffle. Nous pouvons, du reste, en juger facilement en envisageant sous un même coup d'œil d'ensemble les *onze* mouvements principaux dont elle est animée. Peut-être nous aideront-ils à trouver ce « point fixe » que réclame notre ambition philosophique.

Lancée autour du Soleil, à la distance de 37 millions de lieues, et parcourant, à cette distance, sa révolution annuelle autour de l'astre lumineux, elle court par conséquent à la vitesse de 643 000 lieues par jour, soit 26 800 lieues à l'heure ou 29 450 mètres par seconde. Cette vitesse est onze cents fois plus rapide que celle d'un train-éclair lancé au taux de 100 kilomètres à l'heure.

C'est un boulet courant avec une rapidité soixante-quinze fois supérieure à celle d'un obus, courant incessamment et sans jamais atteindre son but. En 365 jours 6 heures 9 minutes 10 secondes, le projectile terrestre est revenu au même point de son orbite relativement au Soleil, et continue de courir. Le Soleil, de son côté, se déplace dans l'espace, suivant une ligne oblique au plan du mouvement annuel de la Terre, ligne dirigée vers la constellation d'Hercule. Il en résulte qu'au lieu de décrire une courbe fermée, la Terre décrit une spirale et n'est jamais passée deux fois par le même chemin depuis qu'elle existe. A son mouvement de révolution annuelle autour du Soleil s'ajoute donc perpétuellement, comme deuxième mouvement, celui du Soleil lui-même, qui l'entraîne, avec tout le système solaire, dans une chute oblique vers la constellation d'Hercule.

Pendant ce temps-là, notre globule pirouette sur lui-même en vingt-quatre heures et nous donne la succession quotidienne des jours et des nuits. Rotation diurne : troisième mouvement.

Il ne tourne pas sur lui-même droit comme une toupie qui serait verticale sur une table, mais incliné, comme chacun sait, de 23°27′. Cette inclinaison n'est pas stable non plus : elle varie d'année en année, de siècle en siècle, oscillant lentement, par périodes séculaires, c'est là un quatrième genre de mouvement.

L'orbite que notre planète parcourt annuellement autour du Soleil n'est pas circulaire, mais elliptique. Cette ellipse varie aussi elle-même d'année en année, de siècle en siècle; tantôt elle se rapproche de la circonférence d'un cercle, tantôt elle s'allonge jusqu'à une forte excentricité. C'est comme un cerceau élastique que l'on déformerait plus ou moins. Cinquième complication aux mouvements de la Terre.

Cette ellipse-là elle-même n'est pas fixe dans l'espace, mais tourne dans son propre plan en une période de 21 000 ans. Le périhélie, qui, au commencement de notre ère, était à 65 degrés de longitude à partir de l'équinoxe de printemps, est maintenant à 101 degrés. Ce déplacement séculaire de la ligne des apsides apporte une sixième complication aux mouvements de notre séjour.

En voici maintenant une septième. Nous avons dit tout à l'heure que l'axe de rotation de notre globe est incliné, et chacun sait que le prolongement idéal de cet axe aboutit vers l'étoile polaire. Cet axe lui-même n'est pas fixe : il tourne en 25 765 ans, en gardant son inclinaison de 22 à 24 degrés ; de sorte que son prolongement décrit sur la sphère céleste, autour du pôle de l'écliptique, un cercle de 44 à 48 degrés de diamètre, suivant les époques. C'est par suite de ce déplacement du pôle que Véga deviendra étoile polaire dans douze mille ans, comme elle l'a été il y a quatorze mille ans. Septième genre de mouvement.

Un huitième mouvement, dû à l'action de la Lune sur le renflement équatorial de la Terre, celui de la nutation, fait décrire au pôle de l'équateur une petite ellipse en 18 ans et 8 mois.

Un neuvième, dû également à l'attraction de notre satellite, change incessamment la position du centre de gravité du globe et la place de la Terre dans l'espace : quand la Lune est en avant de nous, elle accélère la marche du globe ; quand elle est en arrière, elle nous retarde, au contraire, comme un frein : complication mensuelle qui vient encore s'ajouter à toutes les précédentes.

Lorsque la Terre passe entre le Soleil et Jupiter, l'attraction de celui-ci, malgré sa distance de 155 millions de lieues, la fait dévier de 2 mètres 10 au delà de son orbite absolue. L'attraction de Vénus la fait dévier de 1 mètre 25 en deçà. Saturne et Mars agissent aussi, mais plus faiblement. Ce sont là des perturbations extérieures qui constituent un dixième genre de corrections à ajouter aux mouvements de notre esquif céleste.

L'ensemble des planètes pesant environ la sept-centième partie du poids du Soleil, le centre de gravité autour duquel la Terre circule annuellement n'est jamais au centre même du Soleil, mais loin de ce centre et souvent même en dehors du globe solaire. Or, absolument parlant, la Terre ne tourne pas autour du Soleil, mais les deux astres, Soleil et Terre, tournent autour de leur centre commun de gravité. Le centre du mouvement annuel de notre planète change donc constamment de place, et nous pouvons ajouter cette onzième complication à toutes les précédentes.

Nous pourrions même en ajouter beaucoup

d'autres encore; mais ce qui précède suffit pour faire apprécier le degré de légèreté, de subtilité, de notre île flottante, soumise, comme on le voit, à toutes les fluctuations des influences célestes. L'analyse mathématique pénètre fort loin au delà de cet exposé sommaire : à la Lune seule, qui semble tourner si tranquillement autour de nous, elle a découvert plus de soixante causes distinctes de mouvements différents!

L'expression n'est donc pas exagérée : notre planète n'est qu'un jouet pour les forces cosmiques qui la conduisent dans les champs du ciel, et il en est de même de tous les mondes et de tout ce qui existe dans l'univers. La matière obéit docilement à la force.

Où donc est le point fixe sur lequel nous ambitionnons de nous appuyer?

En fait, notre planète, autrefois supposée à la base du monde, est soutenue à distance par le Soleil, qui la fait graviter autour de lui avec une vitesse correspondante à cette distance. Cette vitesse, causée par la masse solaire elle-même, maintient notre planète à la même distance moyenne de l'astre central : une vitesse moindre ferait dominer la pesanteur et amènerait la chute de la Terre dans le Soleil ; une vitesse plus grande, au contraire, éloignerait progressivement et infiniment notre planète du foyer qui la fait vivre. Mais, par la vitesse résultant de la gravitation, notre séjour errant demeure soutenu dans une stabilité permanente. De même la Lune est soutenue dans l'espace par la force de gravité de la Terre, qui la fait circuler autour d'elle avec la vitesse requise pour la maintenir constamment à la même distance moyenne. La Terre et la Lune forment ainsi dans l'espace un couple planétaire qui se soutient dans un équilibre perpétuel sous la domination suprême de l'attraction solaire. Si notre globe existait seul au monde, il demeurerait éternellement immobile au point du vide infini où il aurait été placé, sans jamais pouvoir ni descendre, ni monter, ni changer de position de quelque façon que ce fût, ces expressions mêmes, descendre, monter, gauche ou droite n'ayant aucun sens absolu. Si cette même Terre, tout en existant seule, avait reçu une impulsion quelconque, avait été lancée avec une vitesse quelconque, dans une direction quelconque, elle fuirait éternellement en ligne droite dans cette direction, sans jamais pouvoir ni s'arrêter, ni se ralentir, ni changer de mouvement. Il en serait encore de même si la Lune existait seule avec elle : elles tourneraient toutes deux autour de leur centre commun de gravité, accomplissant leur destinée dans le même lieu de l'espace, en fuyant ensemble suivant la direction vers laquelle elles auraient été projetées. Le Soleil existant et étant le centre de son système, la Terre, toutes les planètes et tous leurs satellites dépendent de lui et ont leur destinée irrévocablement liée à la sienne.

Le point fixe que nous cherchons, la base solide que nous semblons désirer pour assurer la stabilité de l'univers, est-ce donc dans ce globe si colossal et si lourd du Soleil que nous les trouverons ?

Assurément non, puisque le Soleil lui-même n'est pas en repos, puisqu'il nous emporte avec tout son système vers la constellation d'Hercule.

Notre soleil gravite-t-il autour d'un soleil immense dont l'attraction s'étendrait jusqu'à lui et régirait ses destinées comme il régit celle des planètes ? Les investigations de l'Astronomie sidérale conduisent-elles à penser que, dans une direction située à angle droit de notre marche vers Hercule, puisse exister un astre d'une telle puissance ? Non. Notre soleil subit les attractions sidérales ; mais aucune ne paraît dominer toutes les autres et régner en souveraine sur notre astre central.

Quoiqu'il soit parfaitement admissible, ou pour mieux dire certain, que le soleil le plus proche du nôtre, l'étoile Alpha du Centaure, et notre propre soleil, ressentent leur attraction mutuelle, cependant on ne saurait considérer ces deux systèmes comme formant un couple analogue à ceux des étoiles doubles, d'abord parce que tous les systèmes d'étoiles doubles connus sont composés d'étoiles beaucoup plus proches l'une de l'autre, ensuite parce que, dans l'immensité de l'orbite décrite suivant cette hypothèse, les attractions des étoiles voisines ne sauraient être considérées comme demeurant sans influence, enfin parce que les vitesses réelles dont ces deux soleils sont animés sont beaucoup plus grandes que celles qui résulteraient de leur attraction mutuelle.

Mais ici intervient un autre facteur, plus important que tous les précédents, la Voie lactée, avec ses dix-huit millions de soleils, dont il serait assurément audacieux de chercher le centre de gravité.

Mais qu'est-ce encore que la Voie lactée tout entière devant les milliards d'étoiles que notre pensée contemple au sein de l'univers sidéral? Cette Voie lactée ne se déplace-t-elle pas elle-même comme un archipel d'îles flottantes? Chaque nébuleuse résoluble, chaque amas d'étoiles n'est-il pas une Voie lactée en mouvement sous l'action de la gravitation des autres univers qui l'appellent et la sollicitent à travers la nuit infinie?

D'étoiles en étoiles, de systèmes en systèmes, de plages en plages, notre pensée se trouve transportée en présence des grandeurs insondables, en face des mouvements célestes dont on a commencé à évaluer la vitesse, mais qui surpassent déjà toute conception. Le mouvement propre annuel du soleil Alpha du Centaure surpasse 1488 millions de lieues par an. Le mouvement propre de la 61° du Cygne (second soleil dans l'ordre des distances) équivaut à 370 millions de lieues par an ou 1 million de lieues par jour environ. L'étoile Alpha du Cygne arrive sur nous en droite ligne avec une vitesse de 500 millions de lieues par an. Le mouvement propre de l'étoile 1830 du Catalogue de Groombridge s'élève à 2590 millions de lieues par an, ce qui représente sept millions de lieues par jour, 115 000 kilomètres à l'heure ou 320 000 mètres par seconde!... Ce sont là des estimations minima, attendu que nous ne voyons certainement pas de face, mais obliquement, les déplacements stellaires ainsi mesurés.

Quels projectiles! Ce sont des soleils, des milliers et des millions de fois plus lourds que la Terre, lancés à travers les vides insondables avec des vitesses ultra-vertigineuses, circulant dans l'immensité sous l'influence de la gravitation de tous les astres de l'univers. Et ces millions, et ces milliards de soleils, de planètes, d'amas d'étoiles, de nébuleuses, de mondes qui commencent, de mondes qui finissent, se précipitent avec des vitesses analogues vers des buts qu'ils ignorent, avec une énergie, une intensité d'action devant lesquelles la poudre et la dynamite sont des souffles d'enfants au berceau.

Et ainsi, tous ils courent, pour l'éternité peut-être, sans jamais pouvoir se rapprocher des limites inexistantes de l'infini.... Partout le mouvement, l'activité, la lumière et la vie. Heureusement, sans doute. Si tous ces innombrables soleils, planètes, terres, lunes, comètes, étaient fixes, immobiles, rois pétrifiés dans leurs éternels tombeaux, combien plus formidable encore, mais plus lamentable, serait l'aspect d'un tel univers! Voyez-vous toute la Création arrêtée, figée, momifiée! Une telle idée n'est-elle pas insoutenable, et n'a-t-elle pas quelque chose de funèbre?

Et qui cause ces mouvements? qui les entretient? qui les régit? La gravitation universelle, la force invisible, à laquelle l'univers visible (ce que nous appelons matière) obéit. Un corps attiré de l'infini par la Terre atteindrait une vitesse de 11 300 mètres par seconde; de même un corps lancé de la Terre avec cette vitesse ne retomberait jamais. Un corps attiré de l'infini par le Soleil atteindrait une vitesse de 608 000 mètres; de même un corps lancé par le Soleil avec cette vitesse ne reviendrait jamais à son point de départ. Des amas d'étoiles peuvent déterminer des vitesses beaucoup plus considérables encore, mais qui s'expliquent par la théorie de la gravitation. Il suffit de jeter les yeux sur une carte des mouvements propres des étoiles pour se rendre compte de la variété de ces mouvements et de leur grandeur.

La gravitation n'explique pas l'origine du mouvement. Si elle avait seule existé, de toute éternité, l'univers ne formerait qu'un bloc. Le mouvement a pour origine une cause première.

Ainsi les étoiles, les soleils, les planètes, les mondes, les comètes, les étoiles filantes, les uranolithes, en un mot tous les corps constitutifs de ce vaste univers reposent non sur des bases solides, comme semblait l'exiger la conception primitive et enfantine de nos pères, mais sur les forces invisibles et immatérielles qui régissent leurs mouvements. Ces milliards de corps célestes ont leurs mouvements respectifs pour cause de stabilité et s'appuient mutuellement les uns sur les autres à travers le vide qui les sépare. L'esprit qui saurait faire abstraction du temps et de l'espace verrait la Terre, les planètes, le Soleil, les étoiles, pleuvoir d'un ciel sans limites, dans toutes les directions imaginables, comme des gouttes emportées par des tourbillons d'une gigantesque tempête et attirées non par une base, mais par l'attraction de chacune et de toutes; chacune de ces gouttes cosmiques, chacun de ces mondes, chacun de ces soleils est emporté par une vitesse si rapide que le vol des boulets de canon n'est que repos en comparaison : ce n'est ni cent, ni cinq cents, ni mille mètres par seconde, c'est dix mille, vingt mille, cinquante mille, cent mille et même deux ou trois cent mille mètres *par seconde!...*

Comment des rencontres n'arrivent-elles pas au milieu de pareils mouvements? Peut-être s'en produit-il : les « étoiles temporaires » qui semblent renaître de leurs cendres, paraîtraient l'indiquer. Mais, en fait, des rencontres ne pourraient que difficilement se produire, parce que l'espace est immense relativement aux dimensions des corps célestes, et parce que le mouvement dont chaque corps est animé l'empêche précisément de subir passivement l'attraction d'un autre corps et de tomber sur lui : il garde son mouvement propre, qui ne peut être détruit, et glisse autour du foyer qui l'attire comme un papillon qui obéirait à l'attraction d'une flamme sans s'y brûler. D'ailleurs, absolument parlant, ces mouvements ne sont pas « rapides ».

En effet, tout cela court, vole, tombe,

roule, se précipite à travers le vide, mais à de telles distances respectives que tout paraît en repos! Si nous voulions placer en un cadre de la dimension de Paris les astres dont la distance a été mesurée jusqu'à ce jour, l'étoile la plus proche serait placée à 2 kilomètres du Soleil, dont la Terre serait éloignée à 1 centimètre, Jupiter à 5 centimètres et Neptune à 30. La 61° du Cygne serait à 4 kilomètres, Sirius à 10 kilomètres, l'étoile polaire à 27 kilomètres, etc., et l'immense majorité des étoiles resterait au delà du département de la Seine. Eh bien, en animant tous ces projectiles de leurs mouvements relatifs, la Terre devrait employer une année à parcourir son orbite d'un centimètre de rayon, Jupiter douze ans à parcourir la sienne de cinq centimètres, et Neptune, cent soixante-cinq ans. Les mouvements propres du Soleil et des étoiles seraient du même ordre. C'est dire que tout paraîtrait en repos, même au microscope. Uranie règne avec calme et sérénité dans l'immensité de l'univers.

Or, la constitution de l'univers sidéral est

l'image de celle des corps que nous appelons matériels. Tout corps, organique ou inorganique, homme, animal, plante, pierre, fer, bronze, est composé de molécules en mouvement perpétuel et qui ne se touchent pas. Ces molécules sont elles-mêmes composées d'atomes qui ne se touchent pas. Chacun de ces atomes est infiniment petit et invisible, non seulement aux yeux, non seulement au microscope, mais même à la pensée. On a calculé que dans une tête d'épingle il n'y a pas moins de huit sextillions d'atomes, soit huit mille milliards de milliards, et que dans un centimètre cube d'air il n'y a pas moins d'un sextillion de molécules. Tous ces atomes, toutes ces molécules sont en mouvement sous l'influence des forces qui les régissent, et, relativement à leurs dimensions, de grandes distances les séparent. Nous pouvons même penser qu'il n'y a en principe qu'un genre d'atomes, et que c'est le nombre des atomes primitifs, essentiellement simples et homogènes, leurs modes d'arrangements et leurs mouvements qui constituent la diversité des molécules : une molécule d'or, de fer, ne différerait d'une molécule de soufre, d'oxygène, d'hydrogène, etc., que par le nombre, la disposition et le mouvement des atomes primitifs qui la composent; chaque molécule serait un système, un microcosme.

Mais, quelle que soit l'idée que l'on se fasse de la constitution intime des corps, la vérité aujourd'hui reconnue et désormais incontestable est que le point fixe cherché par notre imagination n'existe nulle part. Archimède peut réclamer en vain un point d'appui pour soulever le monde. *Les mondes comme les atomes reposent sur l'invisible*, sur la force immatérielle; tout se meut, sollicité par l'attraction et comme à la recherche de ce point fixe qui se dérobe à mesure qu'on le poursuit, et qui n'existe pas, puisque dans l'infini le centre est partout et nulle part. Les esprits prétendus positifs, qui affirment avec tant d'assurance que « la matière règne seule avec ses propriétés », et qui sourient dédaigneusement des recherches des penseurs, devraient d'abord nous dire ce qu'ils entendent par ce fameux mot de « matière ». S'ils ne s'arrêtaient pas à la superficie des choses, s'ils soupçonnaient que les apparences cachent des réalités intangibles, ils seraient sans doute un peu plus modestes.

Pour nous, qui cherchons la vérité sans idées préconçues et sans esprit de système, il nous semble que l'essence de la matière reste aussi mystérieuse que l'essence de la force, l'univers visible n'étant point du tout ce qu'il paraît être à nos sens. En fait, cet univers visible est composé d'atomes invisibles; il repose sur le vide, et les forces qui le régissent sont en elles-mêmes immatérielles et invisibles. Il serait moins hardi de penser que la matière n'existe pas, que tout est dynamisme, que de prétendre affirmer l'existence d'un univers exclusivement matériel. Quant au soutien matériel du monde, il a disparu, remarque assez piquante, précisément avec les conquêtes de la Mécanique, qui proclament le triomphe de l'invisible. Le point fixe s'évanouit dans l'universelle pondération des pouvoirs, dans l'idéale harmonie des vibrations de l'éther; plus on le cherche, moins on le trouve; et le dernier effort de notre pensée a pour dernier appui, pour suprême réalité, l'INFINI.

V

AME VÊTUE D'AIR

Elle se tenait debout, dans sa chaste nudité, les bras élevés vers sa chevelure dont elle tordait les masses souples et opulentes, qu'elle s'efforçait d'assujettir au sommet de sa tête. C'était une beauté juvénile, qui n'avait pas encore atteint la perfection et l'ampleur des formes définitives, mais qui en approchait, rayonnant dans l'auréole de sa dix-septième année.

Enfant de Venise, sa carnation, d'une blancheur légèrement rosée, laissait deviner sous sa transparence la circulation d'une sève ardente et forte; ses yeux brillaient d'un éclat mystérieux et troublant, et la rougeur veloutée de ses lèvres légèrement entr'ouvertes faisait déjà songer au fruit autant qu'à la fleur.

Elle était merveilleusement belle ainsi, et si quelque nouveau Pâris avait reçu mission de lui décerner la palme, je ne sais s'il eût mis à ses pieds celle de la grâce, de l'élégance ou de la beauté, tant elle semblait réunir le charme vivant de la séduction moderne aux calmes perfections de la beauté classique.

Le plus heureux, le plus inattendu des hasards nous avait amenés devant elle, le peintre Falero et moi. Par un lumineux après-midi du printemps dernier, nous promenant sur les bords de la mer, nous avions traversé l'un de ces bois d'oliviers au triste feuillage que l'on rencontre entre Nice et Monaco, et, sans nous en apercevoir, nous avions pénétré dans une propriété particulière ouverte du côté de la plage. Un sentier pittoresque montait en serpentant vers la colline. Nous venions de passer au-dessus d'un bosquet d'orangers dont les pommes d'or rappelaient le jardin des Hespérides; l'air était parfumé, le ciel d'un bleu profond, et nous discourions sur un parallèle entre l'art et la science lorsque mon compagnon, arrêté tout à coup comme par une fascination irrésistible, me fit signe de me taire et de regarder.

Derrière les massifs de cactus et de figuiers de Barbarie, à quelques pas devant nous, une salle de bain somptueuse, ayant sa fenêtre ouverte du côté du soleil, nous laissait voir, non loin d'une vasque de marbre dans laquelle un jet d'eau retombait avec un doux murmure, la jeune fille inconnue, debout devant une colossale Psyché, qui, de la tête aux pieds, reflétait son image. Sans doute le bruit du jet d'eau l'empêcha-t-il d'entendre notre approche. Discrètement — ou plutôt indiscrètement — nous restâmes derrière les cactus, regardant, muets, immobiles.

Elle était belle, semblant s'ignorer elle-même. Les pieds sur une peau de tigre, elle ne se pressait point. Trouvant sa longue chevelure encore trop humide, elle la laissa retomber sur son corps, se retourna de notre côté et vint cueillir une rose sur une table voisine de la fenêtre, puis, revenant vers l'immense miroir, elle se remit à sa coiffure, la compléta tranquillement, plaça la petite rose entre deux torsades, et, tournant le dos au soleil, se pencha, sans doute pour prendre son premier vêtement. Mais soudain elle se releva, poussa un cri perçant et se cacha la tête dans les mains, en se mettant à courir vers un coin sombre.

Nous avons toujours pensé, depuis, qu'un mouvement de nos têtes avait trahi notre présence, ou que, par un jeu du miroir, elle nous avait aperçus. Quoi qu'il en soit, nous abandonnâmes instantanément la place, et, par le même sentier, nous redescendîmes vers la mer.

« Ah! fit mon compagnon, je vous avoue que, de tous mes modèles, je n'en ai pas vu de plus parfait, même pour mon tableau des

« Étoiles doubles » et pour celui de « Célia ».
Qu'en pensez-vous vous-même ? Cette apparition n'est-elle pas arrivée juste à point pour me donner raison ? Vous avez beau célébrer avec éloquence les délices de la science, convenez que l'art, lui aussi, a ses charmes. Les étoiles de la Terre ne rivalisent-elles pas avantageusement avec les beautés du Ciel ? N'admirez-vous pas comme nous l'élégance de ces formes ? Quels tons ravissants ! Quelles chairs !

— Je n'aurais pas le mauvais goût de ne point admirer ce qui est vraiment beau, répliquai-je, et, j'admets que la beauté humaine (et je vous le concède sans hésitation, la beauté féminine en particulier) représente vraiment ce que la nature a produit de plus parfait sur notre planète. Mais savez-vous ce que j'admire le plus dans cet être ? Ce n'est point son aspect artistique ou esthétique, c'est le témoignage scientifique qu'il nous donne d'un fait tout simplement merveilleux. Dans ce corps charmant, je vois une âme vêtue d'air.

— Oh! vous aimez le paradoxe. Une âme vêtue d'air! C'est bien idéaliste pour un corps aussi réel. Que cette charmante personne ait une âme, je n'en doute pas; mais permettez à l'artiste d'admirer son corps, sa vie, sa solidité, sa couleur.... Je dirais volontiers, avec le poète des *Orientales* :

> Car c'est un astre qui brille
> Qu'une fille
> Qui sort d'un bain au flot clair,
> Cherche s'il ne vient personne
> Et frissonne
> Toute mouillée au grand air!

— Je ne vous l'interdis point. Mais c'est précisément cette beauté physique qui me fait admirer en elle l'âme, la force invisible qui l'a formée.

— Comment l'entendez-vous ? On a sûrement un corps. L'existence de l'âme est moins palpable.

— Pour les sens, oui. Pour l'esprit, non. Or, les sens nous trompent absolument, sur le mouvement de la Terre, sur la nature du ciel, sur la solidité apparente des corps, sur les êtres et sur les choses. Voulez-vous suivre un instant mon raisonnement?

« Lorsque je respire le parfum d'une rose, lorsque j'admire la beauté de forme, la suavité de coloris, l'élégance de cette fleur en son premier épanouissement, ce qui me frappe le plus, c'est l'œuvre de la force cachée, inconnue, mystérieuse, qui préside à la vie de la plante, qui sait la diriger dans l'entretien de son existence, qui choisit les molécules de l'air, de l'eau, de la terre, convenables pour son alimentation, et surtout qui sait assimiler ces molécules et les grouper délicatement au point d'en former cette tige élégante, ces petites feuilles vertes si fines, ces pétales d'un rose si tendre, ces nuances exquises et ces délicieux parfums. Cette force mystérieuse, c'est le principe animique de la plante. Mettez dans la terre, à côté les uns des autres, une graine de lis, un gland de chêne, un grain de blé et un noyau de pêche, chaque germe se construira son organisme.

« J'ai connu un érable qui se mourait sur les décombres d'un vieux mur, à quelques mètres de la bonne terre du fossé, et qui, désespéré, lança une racine aventureuse, atteignit le sol de sa convoitise, s'y enfonça, y prit un pied solide, si bien qu'insensiblement, lui, l'immobile, se déplaça, laissa mourir ses racines primitives, quitta les pierres, et vécut ressuscité, transformé, sur l'organe libérateur. J'ai connu des ormes qui allaient manger la terre sous un champ fertile, auxquels on coupa les vivres par un large fossé, et qui prirent la décision de faire passer par-dessous le fossé leurs racines non coupées : elles y réussirent et retournèrent à leur table permanente, au grand étonnement de l'horticulteur. J'ai connu un jasmin héroïque qui traversa huit fois une planche trouée qui le séparait de la lumière, et qu'un observateur taquin retournait vers l'obscurité dans l'espérance de lasser à la fin l'énergie de cette fleur : il n'y parvint pas.

« La plante respire, boit, mange, choisit, refuse, cherche, travaille, vit, agit suivant ses instincts; celle-ci se porte « comme un « charme », celle-là est souffrante, cette autre est nerveuse, agitée. La sensitive frissonne et tombe pâmée au moindre attouchement. En certaines heures de bien-être, l'arum est chaud, l'œillet phosphorescent, la vallisnérie fécondée descend au fond des eaux mûrir le fruit de ses amours. Sous ces manifestations d'une vie inconnue, le philosophe ne peut s'empêcher de reconnaître dans le monde des plantes un chant du chœur universel.

« Je ne vais pas plus loin en ce moment pour l'âme humaine, quoiqu'elle soit incomparablement supérieure à l'âme de la plante, et quoiqu'elle ait créé un monde intellectuel autant élevé au-dessus du reste de la vie terrestre que les étoiles sont élevées au-dessus de la Terre. Ce n'est pas au point de vue de ses facultés spirituelles que je l'envisage ici, mais seulement comme force animant l'être humain.

« Eh bien! j'admire que cette force groupe les atomes que nous respirons, ou que nous nous assimilons par la nutrition, au point d'en constituer cet être charmant. Revoyez cette jeune fille le jour de sa naissance et suivez par la pensée le développement graduel de ce petit corps, à travers les années de l'âge ingrat, jusqu'aux premières grâces de l'adolescence et jusqu'aux formes de la nubilité. Comment l'organisme humain s'entretient-il, se développe-t-il, se compose-t-il? Vous le savez : par la respiration et par la nutrition.

« Déjà, par la respiration, l'air nous nourrit aux trois quarts. L'oxygène de l'air entretient le feu de la vie, et le corps est comparable à une flamme incessamment renouvelée par les principes de la combustion. Le manque d'oxygène éteint la vie comme il éteint la lampe. Par la respiration, le sang veineux brun se transforme en sang artériel rouge et se régénère. Les poumons sont un fin tissu criblé de quarante à cinquante millions de petits trous, juste trop petits pour laisser filtrer le sang et assez grands pour laisser pénétrer l'air. Un perpétuel échange de gaz se fait entre l'air et le sang, le premier fournissant au second l'oxygène, le second éliminant l'acide carbonique. D'une part, l'oxygène atmosphérique brûle dans le poumon du carbone; d'autre part, le poumon exhale de l'acide carbonique, de l'azote et de la vapeur d'eau. Les plantes respirent (de jour) par un procédé contraire, absorbent du carbone et exhalent de l'acide carbonique, entretenant par ce contraste une partie de l'équilibre général de la vie terrestre.

« De quoi se compose le corps humain? L'homme adulte pèse, en moyenne, 70 kilogrammes. Sur cette quantité, il y a près de 52 kilogrammes d'eau, dans le sang et dans la chair. Analysez la substance de notre corps, vous y trouvez l'albumine, la fibrine, la caséine et la gélatine, c'est-à-dire des substances organiques composées originairement par les quatre gaz essentiels : l'oxygène, l'azote, l'hydrogène et l'acide carbonique. Vous y trouvez aussi des substances dépourvues d'azote, telles que la gomme, le sucre, l'amidon, les corps gras; ces matières passent également par notre organisme, leur carbone et l'hydrogène sont consumés par l'oxygène aspiré pendant la respiration, et ensuite exhalés sous forme d'acide carbonique et d'eau.

« L'eau, vous ne l'ignorez pas, est une combinaison de deux gaz, l'oxygène et l'hydrogène ; l'air, un mélange de deux gaz, l'oxygène et l'azote, auxquels s'ajoutent, en proportions plus faibles, l'eau sous forme de vapeur, l'acide carbonique, l'ammoniaque, l'ozone, qui n'est, du reste, que de l'oxygène condensé, etc.

« Ainsi, notre corps n'est composé que de gaz transformés.

— Mais, interrompit mon compagnon, nous ne vivons pas seulement de l'air du temps. Il nous faut, en certaines heures indiquées par notre estomac, y ajouter quelques suppléments qui ont bien leur valeur, tels qu'une aile de faisan, un filet de sole, un verre de château-laffitte ou de champagne, ou, suivant nos goûts, des asperges, des raisins, des pêches....

— Oui, tout cela passe à travers notre organisme et en renouvelle les tissus, assez rapidement même, car en quelques mois (non plus en sept ans, comme on le croyait autrefois) notre corps est entièrement renouvelé. Je reviens encore à cet être ravissant qui posa devant nous, tout à l'heure. Eh bien! toute cette chair que nous admirions n'existait pas il y a trois ou quatre mois : ces épaules, ce visage, ces yeux, cette bouche, ces bras, cette chevelure, et jusqu'aux ongles même, tout cet organisme n'est autre chose qu'un courant de molécules, une flamme sans cesse renouvelée, une rivière que l'on contemple pendant la vie entière, mais où l'on n'a jamais revu la même eau. Or, tout cela c'est encore du gaz assimilé, condensé, modifié, et c'est surtout de l'air. Ces os eux-mêmes, aujourd'hui solides, se sont formés et solidifiés insensiblement. N'oubliez pas que notre corps tout entier est composé de molécules invisibles, qui ne se touchent pas, et qui se renouvellent sans cesse.

« En effet, notre table est-elle servie de légumes ou de fruits, sommes-nous végétariens, nous absorbons des substances puisées presque entièrement dans l'air : cette pêche, c'est de l'eau et de l'air ; cette poire, ce raisin, cette amande sont également de l'air, de l'eau, quelques éléments gazeux ou liquides appelés là par la sève, par la chaleur solaire, par la pluie. Asperge ou salade, petits pois ou artichauts, laitue ou chicorée, cerises, fraises ou framboises, tout cela vit dans l'air et par l'air. Ce que donne la terre, ce que va chercher la sève, ce sont encore des gaz, et les mêmes, azote, oxygène, hydrogène, carbone, etc.

« S'agit-il d'un bifteck, d'un poulet ou de quelque autre « viande », la différence n'est pas considérable. Le mouton, le bœuf, se sont nourris d'herbe. Que nous goûtions d'une perdrix aux choux, d'une caille rôtie, d'une dinde truffée ou d'un civet de lièvre, toutes ces substances, en apparence si diverses, ne sont que du végétal transformé, lequel n'est lui-même qu'un groupement de molécules puisées dans les gaz dont nous venons de parler, air, éléments de l'eau, molécules en elles-mêmes presque impondérables, et d'ailleurs absolument invisibles à l'œil nu.

« Ainsi, quel que soit notre genre de nourriture, notre corps, formé, entretenu, développé par l'absorption des molécules acquises, par la respiration et l'alimentation, n'est en définitive qu'un courant incessamment renouvelé en vertu de cette assimilation, dirigé, régi, organisé par la force immatérielle qui nous anime. Cette force, nous pouvons assurément lui accorder le nom d'âme. Elle groupe les atomes qui lui conviennent, élimine ceux qui lui sont inutiles, et, partant d'un point imperceptible, d'un germe insaisissable, arrive à construire ici l'Apollon du Belvédère, à côté la Vénus du Capitole. Phidias n'est qu'un imitateur grossier, comparativement à cette force intime et mystérieuse. Pygmalion devint amant de la statue dont il fut père, disait la mythologie. Erreur! Pygmalion, Praxitèle, Michel-Ange, Benvenuto, Canova, n'ont créé que des statues. Plus sublime est la force qui sait construire le corps vivant de l'homme et de la femme.

« Mais cette force est immatérielle, invisible, intangible, impondérable, comme l'attraction qui berce les mondes dans l'universelle mélodie, et le corps, quelque matériel qu'il nous paraisse, n'est pas autre chose lui-même qu'un harmonieux groupement formé par l'attraction de cette force intérieure. Vous voyez donc que je reste strictement dans les limites de la science positive en qualifiant cette jeune fille du titre d'âme vêtue d'air, comme vous et moi, d'ailleurs, ni plus ni moins.

« Depuis les origines de l'humanité jusqu'en ces derniers siècles, on a cru que la sensation était perçue au point même où on l'éprouvait. Une douleur ressentie au doigt était considérée comme ayant son siège dans le doigt même. Les enfants et beaucoup de personnes le croient encore. La physiologie a démontré que l'impression est transmise depuis le bout du doigt jusqu'au cerveau par l'intermédiaire du système nerveux. Si l'on coupe le nerf, on peut se brûler le doigt impunément, la paralysie est complète. On a même déjà pu déterminer le temps que l'impression emploie pour se transmettre d'un point quelconque du corps au cerveau, et l'on sait que la vitesse de cette transmission est d'environ vingt-huit mètres par seconde. Dès lors on a rapporté la sensation au cerveau. Mais on s'est arrêté en chemin.

« Le cerveau est matière comme le doigt, et nullement une matière stable et fixe. C'est une matière essentiellement changeante, rapidement variable, ne formant point une identité.

« Il n'existe, il ne peut exister dans toute la masse encéphalique, un seul lobe, une seule cellule, une seule molécule qui ne change pas. Un arrêt de mouvement, de circulation, de transformation, serait un arrêt de mort. Le cerveau ne subsiste et ne sent qu'à la condition de subir comme tout le reste du corps les transformations incessantes de la matière organique qui constituent le circuit vital.

« Ce n'est donc pas, ce ne peut donc pas être dans une certaine matière cérébrale, dans un certain groupement de molécules que réside notre personnalité, notre identité, notre moi individuel, notre moi qui acquiert et conserve une valeur personnelle, scientifique et morale, grandissante avec l'étude, notre moi qui est et se sent responsable de ses actes accomplis il y a un mois, un an, dix ans, vingt ans, cinquante ans, durée pendant laquelle le groupement moléculaire le plus intime a été *changé* plusieurs fois.

« Les physiologistes qui affirment que l'âme n'existe pas ressemblent à leurs ancêtres qui affirmaient ressentir la douleur au doigt ou au pied. Ils sont un peu moins loin de la vérité, mais en s'arrêtant au cerveau et en faisant résider l'être humain dans les impressions cérébrales, ils s'arrêtent sur la route. Cette hypothèse est d'autant moins excusable que ces mêmes physiologistes savent parfaitement que la sensation personnelle est toujours accompagnée d'une modification de la substance. En d'autres termes, le moi de l'individu ne persiste que si l'identité de sa matière ne persiste pas.

« Notre principe de sensibilité ne peut donc être un objet matériel; il est mis en relation avec l'univers par les impressions cérébrales, par les forces chimiques dégagées dans l'encéphale à la suite de combinaisons matérielles. Mais il est *autre*.

« Et perpétuellement se transforme notre constitution organique sous la direction d'un principe psychique.

« Telle molécule, qui est maintenant incorporée dans notre organisme, va s'en échapper par l'expiration, la transpiration, etc., appartenir à l'atmosphère pendant un temps plus ou moins long, puis être incorporée dans un autre organisme, plante, animal ou homme. Les molécules qui constituent actuellement votre corps n'étaient pas toutes hier intégrées à votre personne, et aucune n'y était il y a quelques mois. Où étaient-elles ? — Soit dans l'air, soit dans un autre corps. Toutes les molécules qui forment maintenant vos tissus organiques, vos poumons, vos yeux, votre cerveau, vos jambes, etc., ont déjà servi à former d'autres tissus organiques... Nous sommes tous des morts ressuscités, fabriqués de la poussière de nos ancêtres. Si tous les hommes qui ont vécu jusqu'à cette époque ressuscitaient, il y en aurait cinq par pied carré sur toute la surface des continents, et obligés pour se tenir de monter sur les épaules les uns des autres; mais ils ne pourraient ressusciter tous intégralement, car bien des molécules ont successivement servi à plusieurs corps. De même, nos organes actuels, divisés un jour en leurs dernières particules, se trouveront incorporés dans nos successeurs.

« Chaque molécule d'air passe donc éternellement de vie en vie et s'en échappe de mort en mort : tour à tour vent, flot, terre, animal ou fleur, elle est successivement incorporée à la substance des innombrables organismes. Source inépuisable où tout ce qui vit prend son haleine, l'air est encore un réservoir immense où tout ce qui meurt verse son dernier souffle : sous son absorption, végétaux et animaux, organismes divers naissent, puis dépérissent. La vie et la mort sont également dans l'air que nous respirons et se succèdent perpétuellement l'une à l'autre par l'échange des molécules gazeuses ; la molécule d'oxygène qui s'exhale de ce vieux chêne va s'envoler aux poumons de l'enfant au berceau ; les derniers soupirs d'un mourant vont tisser la brillante corolle de la fleur ou se répandre comme un sourire sur la verdoyante prairie ; et ainsi, par un enchaînement infini de morts partielles, l'atmosphère alimente incessamment la vie universelle déployée à la surface du monde

« Et si vous imaginiez encore quelque objection, j'irais plus loin et j'ajouterais que nos vêtements eux-mêmes sont, aussi bien que nos corps, composés de substances qui, primitivement, ont toutes été gazeuses. Prenez ce fil, tirez-le, quelle résistance ! Que de tissus, de batiste, de soie, de toile, de coton, de laine, l'industrie a formés à l'aide de ces trames et de ces chaînes ! Pourtant, qu'est-ce que ce fil de lin, de chanvre ou de coton ? des globules d'air juxtaposés et qui ne se tiennent que par leur force moléculaire. Qu'est-ce que ce fil de soie ou de laine? une autre juxtaposition de molécules. Convenez-en donc, nos vêtements eux-mêmes, c'est encore de l'air, du gaz, des substances puisées en principe dans l'atmosphère, oxygène, azote, carbone, vapeur d'eau, etc.

— Je vois avec bonheur, reprit Faléro, que l'art n'est pas aussi loin de la science qu'on le suppose dans certaines sphères. Si votre théorie est, pour vous, purement scientifique, pour moi, c'est de l'art, et du meilleur. Et puis, d'ailleurs, est-ce que dans la nature toutes ces distinctions existent? Non : il n'y a dans la nature ni art, ni science, ni peinture, ni sculpture, ni décoration, ni musique, ni physique, ni chimie, ni astronomie, ni mécanique, ni météorologie. Voyez ce ciel, cette mer, ces contreforts des Alpes, ces nuages roses du soir, ces perspectives lumineuses vers l'Italie : tout cela est un. Tout est un. Et puisque la physique moléculaire nous démontre qu'il n'y a plus de corps, que dans une barre d'acier ou de platine même les atomes ne se touchent pas, au moins que les âmes nous restent, personne n'y perdra.

— Oui, c'est un fait contre lequel aucun préjugé ne saurait prévaloir, les êtres vivants sont des âmes vêtues d'air.... Je plains les mondes dépourvus d'atmosphère. »

Nous étions revenus, après une longue promenade au bord de la mer, non loin de notre point de départ, et nous passions devant le mur crénelé d'une villa, nous dirigeant de Beaulieu au cap Ferrat, lorsque deux dames fort élégantes nous croisèrent. C'étaient la duchesse de V... et sa fille, que nous avions rencontrées le jeudi précédent au bal de la Préfecture. Nous les saluâmes, puis disparûmes sous les oliviers. Inconsciente fille d'Ève, la jeune fille se retourna vers nous, et il me sembla qu'une rougeur subite avait empourpré son visage ; c'était sans doute le reflet des rayons du soleil couchant.

« Vous croyez peut-être, fit l'artiste en se retournant aussi, avoir diminué mon admiration pour la beauté? Eh bien! je l'apprécie mieux encore, je salue en elle l'harmonie, et, vous l'avouerai-je? le corps humain, considéré ainsi comme la manifestation sensible d'une âme directrice, me paraît acquérir par là plus de noblesse, plus de beauté et plus de lumière.

VI

AD VERITATEM PER SCIENTIAM

Je travaillais, dans ma bibliothèque, à une étude sur les conditions de la vie à la surface des mondes gouvernés et illuminés par plusieurs soleils de grandeurs et de couleurs différentes, lorsqu'en levant les yeux vers la cheminée je fus frappé de l'expression, je dirais presque de l'animation, du visage de ma chère Uranie. C'était l'expression gracieuse et vivante qui jadis — oh! que la Terre tourne vite et qu'un quart de siècle dure peu! — qui jadis — et il me semble que c'était hier! — qui jadis, en ces jours d'adolescence si rapidement envolés, avait séduit ma pensée et enflammé mon cœur. Je ne pus me défendre de la regarder encore et d'y reposer mes yeux. Vraiment, elle était toujours aussi belle, et mes impressions n'avaient pas changé. Elle m'attirait, comme la lumière attire l'insecte. Je me levai de ma table pour m'approcher d'elle et revoir ce singulier effet de l'illumination du jour sur sa changeante physionomie, et je me surpris me tenant debout devant elle, oublieux de mon travail.

Son regard semblait flotter au loin; mais pourtant il s'animait, il se fixait. Sur qui? Sur quoi? J'eus l'impression intime qu'elle voyait vraiment, et suivant la direction de ce regard fixe, immobile, solennel, quoique non sévère, mes yeux se portèrent juste sur le portrait de Spero, suspendu là, entre deux bibliothèques.

En vérité, Uranie le regardait fixement!

Tout d'un coup, le portrait se détacha du mur et tomba en brisant son cadre.

Je me précipitai. Le portrait gisait sur le tapis et la douce figure de Spero était tournée vers moi. En le relevant, je trouvai un grand papier jauni, qui occupait toute l'étendue du portrait, et qui était écrit, des deux côtés, de l'écriture de Spero. Comment n'avais-je jamais remarqué ce papier? Il est vrai qu'il avait pu rester caché sous la garniture de l'encadrement, dissimulé par le carton protecteur. En effet, lorsque je rapportai cette aquarelle de Christiania, je n'eus point la pensée d'en examiner l'agencement. Mais qui donc avait eu l'idée bizarre de placer ainsi cette feuille? Ce n'est pas sans une vive stupéfaction que je reconnus l'écriture de mon ami et que je parcourus ces deux pages. Selon toute apparence, elles avaient dû être écrites le dernier jour de la vie terrestre du jeune penseur, le jour de son ascension vers l'aurore boréale, et, sans doute, le père d'Icléa avait-il voulu conserver plus sûrement ces dernières pensées en les encadrant avec le portrait de Spero. Il avait oublié de m'en parler lorsqu'il m'offrit ensuite comme souvenir cette image si chère, lors de mon pèlerinage à la tombe des deux amants?

Quoi qu'il en soit, tout en plaçant avec précaution l'aquarelle sur ma table, j'éprouvai la plus vive émotion en reconnaissant chaque détail de cette figure aimée : c'étaient bien ces yeux si doux et si profonds, toujours énigmatiques, ce front vaste, si calme en apparence, cette bouche fine et d'une sensualité réservée, cette coloration claire du visage, du cou et des mains; ses regards me suivaient, de quelque côté que fût tourné le portrait, et ils se dirigeaient aussi vers Uranie, et ils étaient dirigés en même temps vers toutes les directions. Étrange idée de l'artiste! Je ne pus m'empêcher aussi de penser aux yeux de la déesse, qui m'avaient paru caresser douloureusement l'image de son jeune adorateur. Comme le crépuscule vient assombrir un jour serein, une tristesse divine s'épandait sur le noble visage.

Mais je songeai au feuillet mystérieux. Il était écrit d'une écriture nette, précise, sans aucune rature. Je le transcris ici tel que je l'ai trouvé et sans y modifier un mot, une virgule, car il semble être la conclusion toute naturelle des récits qui font l'objet de cet ouvrage :

Le voici, textuellement :

Ceci est le testament scientifique d'un esprit qui, sur la Terre même, a fait tous ses efforts pour rester dégagé du poids de la matière et qui espère en être affranchi.

Je voudrais laisser, sous forme d'aphorismes, le résultat de mes recherches. Il me semble qu'on ne peut arriver à la Vérité que par l'étude de la nature, c'est-à-dire par la science. Voici les inductions qui me paraissent fondées sur cette méthode d'observation.

I

L'univers visible, tangible, pondérable, et en mouvement incessant, est composé d'atomes invisibles, intangibles, impondérables et inertes.

II

Pour constituer les corps et organiser les êtres, ces atomes sont régis par des forces.

III

La Force est l'entité essentielle.

IV

La visibilité, la tangibilité, la solidité, la dureté, le poids, sont des propriétés relatives, et non des réalités absolues.

V

Les atomes qui composent les corps sont, pour la sensation humaine, infiniment petits :

Les expériences faites sur le laminage des feuilles d'or montrent que dix mille de ces feuilles tiennent dans une épaisseur d'un millimètre. — On est arrivé à diviser un millimètre, sur une lame de verre, en mille parties égales, et il existe des infusoires si petits que leur corps tout entier, placé entre deux de ces divisions, ne les touche pas ; les membres, les organes de ces êtres sont composés de cellules, celles-ci de molécules, celles-ci d'atomes. — Vingt centimètres cubes d'huile étendue sur un lac arrivent à couvrir 4000 mètres carrés, de sorte que la couche d'huile ainsi répandue ne mesure qu'un deux-cent-millième de millimètre d'épaisseur. — L'analyse spectrale de la lumière décèle la présence d'un millionième de milligramme de sodium dans une flamme. — Les ondes de la lumière sont comprises entre 4 et 8 dix-millièmes de millimètre, du violet au rouge. Il faut 2300 ondes de lumière pour remplir un millimètre. Pendant la durée d'une seconde, l'éther, qui

transmet la lumière, exécute sept cent mille milliards d'oscillations, dont chacune est mathématiquement définie. — L'odorat perçoit $\frac{1}{64\,000\,000}$ de milligramme de mercaptan dans l'air respiré.
—La dimension des atomes doit être inférieure à un millionième de millimètre de diamètre.

VI

L'atome, intangible, invisible, à peine concevable pour notre esprit accoutumé aux jugements superficiels, constitue la seule vraie matière, et ce que nous appelons matière n'est qu'un effet produit sur nos sens par les mouvements des atomes, c'est-à-dire une possibilité incessante de sensations.

Il en résulte que la matière, comme les manifestations de l'énergie, n'est qu'un mode de mouvement. Si le mouvement s'arrêtait, si la force pouvait être anéantie, si la température des corps était réduite au zéro absolu, la matière telle que nous la connaissons cesserait d'exister.

VII

L'univers visible est composé de corps invisibles. Ce que l'on voit est fait de choses qui ne se voient pas.

Il n'y a qu'une seule sorte d'atomes primitifs; les molécules constitutives des différents corps, fer, or, oxygène, hydrogène, etc., ne diffèrent que par le nombre, le groupement et les mouvements des atomes qui les composent.

VIII

Ce que nous appelons matière s'évanouit lorsque l'analyse scientifique croit le saisir. Mais nous trouvons comme soutien de l'univers et principe de toutes les formes, la force, l'élément dynamique. Par ma volonté, je puis déranger la Lune dans son cours.

Les mouvements de tout atome, sur notre Terre, sont la résultante mathématique de toutes les ondulations éthérées qui lui arrivent, avec le temps, des abimes de l'espace infini.

IX

L'être humain a pour principe essentiel l'âme. Le corps est apparent et transitoire.

X

Les atomes sont indestructibles.

L'énergie qui meut les atomes et régit l'univers est indestructible.

L'âme humaine est indestructible.

XI

L'individualité de l'âme est récente dans l'histoire de la Terre. — Notre planète a été nébuleuse, puis soleil, puis chaos : alors aucun être terrestre n'existait. La vie a commencé par les organismes les plus rudimentaires ; elle a progressé de siècle en siècle pour atteindre son état actuel, qui n'est pas le dernier. L'intelligence, la raison, la conscience, ce que nous appelons les facultés de l'âme, sont modernes. L'esprit s'est graduellement dégagé de la matière ; comme — si la comparaison n'était pas grossière — le gaz se dégage de la houille, le parfum de la fleur, la flamme du foyer.

XII

La force psychique commence à s'affirmer, depuis trente ou quarante siècles, dans les sphères supérieures de l'humanité terrestre ; son action n'est qu'à son aurore.

Les âmes, conscientes de leur individualité ou encore inconscientes, sont, par leur nature même, en dehors des conditions d'espace et de temps. Après la mort des corps comme pendant la vie, elles n'occupent aucune place. Quelques-unes vont peut-être habiter d'autres mondes.

N'ont conscience de leur existence extra-corporelle et de leur immortalité que celles qui sont dégagées des liens matériels.

XIII

La Terre n'est qu'une province de la patrie éternelle ; elle fait partie du Ciel ; *le Ciel est infini* ; tous les mondes font partie du Ciel.

Notre planète est elle-même un navire éthéré qui transporte à travers le Ciel une population d'âmes, à la vitesse de 643 000 lieues par jour autour d'une étoile, et d'environ 185 millions de lieues par an vers la constellation d'Hercule.

XIV

Les systèmes planétaires et sidéraux qui constituent l'univers sont à des degrés divers d'organisation et d'avancement. L'étendue de leur diversité est infinie ; les êtres sont partout en rapport avec les mondes.

XV

Tous les mondes ne sont pas actuellement habités. L'époque actuelle n'a pas une importance plus grande que celles qui l'ont précédée et celles qui la suivront. Tels mondes ont été habités dans le passé, il y a des milliards de siècles ; tels autres le seront dans l'avenir, dans des milliards de siècles. Un jour il ne restera rien de la Terre, et ses ruines mêmes seront ruinées.

Mais le néant ne remplacera jamais l'univers. Si les choses et les êtres ne renaissaient pas de leurs cendres, il n'y aurait plus une seule étoile au ciel, car depuis l'éternité passée tous les soleils seraient éteints, la création tout entière datant de l'éternité.

La durée entière de l'humanité terrestre ne représente qu'*un moment* dans l'éternité.

XVI

La vie terrestre n'est pas le type des autres vies. Une diversité illimitée règne dans l'univers.

Il est des séjours où la pesanteur est intense, où la lumière est inconnue, où le toucher, l'odorat et l'ouïe sont les seuls sens, où, le nerf optique ne s'étant pas formé, tous les êtres sont aveugles. Il en est d'autres où la pesanteur est à peine sensible, où les êtres sont si légers et si ténus qu'ils seraient invisibles pour des yeux terrestres, où des sens d'une délicatesse exquise révèlent à des esprits privilégiés des sensations interdites à l'humanité terrestre.

XVII

L'espace qui existe entre les mondes répandus dans l'immense univers ne les isole pas les uns des autres. Ils sont tous en communication perpétuelle les uns avec les autres par l'attraction, qui s'exerce instantanément à travers toutes les distances et qui établit un lien indissoluble entre tous les mondes.

XVIII

L'univers forme une seule unité.

XIX

Le système du monde physique est la base matérielle, l'habitat du système du monde moral ou spirituel. L'astronomie doit donc être la base de toute croyance philosophique et religieuse.

Tout être pensant porte en soi le sentiment, mais l'incertitude de l'immortalité. C'est parce que nous sommes les rouages microscopiques d'un mécanisme inconnu.

XX

L'homme fait lui-même sa destinée. Il s'élève ou il tombe suivant ses œuvres. Les êtres attachés aux intérêts matériels, les avares, les ambitieux, les hypocrites, les menteurs, les fils de Tartufe, demeurent, comme les pervers, dans les zones inférieures.

Mais une loi primordiale et absolue régit la création : la loi du Progrès. Tout s'élève dans l'infini. Les fautes sont des chutes.

XXI

Dans l'ascension des âmes, les qualités morales n'ont pas moins de valeur que les qualités intellectuelles. La bonté, le dévouement, l'abnégation, le sacrifice, épurent l'âme et l'élèvent, comme l'étude et la science.

XXII

La création universelle est une immense harmonie, dont la Terre n'est qu'un fragment insignifiant, assez lourd et incompris.

XXIII

La nature est un perpétuel devenir. *Le Progrès est la loi.* La progression est éternelle.

XXIV

L'éternité d'une âme ne serait pas suffisante pour visiter l'infini et tout connaître.

XXV

La destinée de l'âme est de se dégager de plus en plus du monde matériel, et d'appartenir définitivement à *la vie uranique* supérieure, d'où elle domine la matière et ne souffre plus.

La fin suprême des êtres est l'approche perpétuelle de la perfection absolue et du bonheur divin.

Tel était le testament scientifique et philosophique de Spero. Ne semble-t-il pas avoir été dicté par Uranie elle-même ?

Les neuf Muses de l'antique mythologie étaient sœurs. Les conceptions scientifiques modernes tendent à leur tour à l'unité. L'astronomie ou la connaissance du monde, et la psychologie ou la connaissance de l'être, s'unissent aujourd'hui pour établir la seule base sur laquelle puisse être édifiée la philosophie définitive.

P. S. — Les épisodes qui précèdent, les recherches et les réflexions qui les accompagnent, se trouvent réunis ici dans une sorte d'*Essai* dont le but est d'apporter quelques jalons à la solution du plus grand des problèmes qui puissent intéresser l'esprit humain. C'est à ce titre que le présent ouvrage s'offre à l'attention de ceux qui, quelquefois au moins, « au milieu du chemin de la vie » dont parle Dante, s'arrêtent, se demandent où ils sont et ce qu'ils sont, cherchent, pensent et rêvent.

TABLE DES MATIÈRES

PREMIÈRE PARTIE

LA MUSE DU CIEL

I.	Rêve d'adolescence.	1
II.	La Muse du Ciel. Voyage parmi les Univers et les Mondes. Les humanités inconnues.	11
III.	Variété infinie des êtres. Les métamorphoses.	31
IV.	L'Infini et l'Éternité. Le Temps, l'Espace et la Vie. Les horizons célestes. . . .	41
V.	La lumière du passé. Les révélations de la Muse.	55

DEUXIÈME PARTIE

GEORGES SPERO

I.	*La Vie*. La Recherche. L'Étude	69
II.	*L'Apparition*. Voyage en Norvège. L'Anthélie. Une rencontre dans le ciel. . . .	87
III.	*To be or not to be*. Qu'est-ce que l'être humain? La Nature, l'Univers.	105
IV.	*Amor*. Icléa. L'attraction.	129
V	*L'Aurore boréale*. Ascension aérostatique. En plein ciel. Catastrophe.	159
VI.	*Le Progrès éternel*. Séance magnétique.	175

TROISIÈME PARTIE

CIEL ET TERRE

I. Télépathie. L'Inconnu d'hier. Le « Scientifique ». Les apparitions. Phénomènes inexpliqués. Les facultés psychiques. L'âme et le cerveau. 185
II. *Iter extaticum cœleste* 243
III. La planète Mars. Apparition de Spero. Les communications psychiques. Les habitants de Mars. 267
IV. Le point fixe dans l'univers. La nature est un dynamisme. 301
V. Ame vêtue d'air. 329
VI. *Ad Veritatem per scientiam*. Le Testament scientifique de Spero. 353

En souvenir de ce livre, le nom d'ICLÉA a été donné à la 286ᵉ petite planète découverte entre Mars et Jupiter, le 3 août 1889, par M. Palisa, astronome à l'Observatoire de Vienne. — Le nom d'URANIE, muse de l'Astronomie, avait déjà été donné, assez tard cependant, en 1854, à la 30ᵉ de ces petites planètes, dont la première a été découverte le 1ᵉʳ janvier 1801.

PRINCIPAUX OUVRAGES DE CAMILLE FLAMMARION

ASTRONOMIE POPULAIRE. 100ᵉ mille. — 1 vol. gr. in-8°.

LES ÉTOILES ET LES CURIOSITÉS DU CIEL. Supplément de l'*Astronomie populaire*. 45ᵉ mille. — 1 vol. gr. in-8°.

LES TERRES DU CIEL. Description des planètes de notre système et étude des conditions actuelles de la vie à leur surface 45ᵉ mille. — 1 vol. gr. in-8°.

L'ATMOSPHÈRE. Météorologie populaire. 20ᵉ mille.— 1 vol. gr. in-8°.

LE MONDE AVANT LA CRÉATION DE L'HOMME. Origines du monde. Origines de la vie. Origines de l'humanité. 50ᵉ mille. — 1 vol. gr. in-8°.

DANS LE CIEL ET SUR LA TERRE. Perspectives et harmonies. — 1 vol. in-18.

LA PLURALITÉ DES MONDES HABITÉS, au point de vue de l'Astronomie, de la Physiologie et de la Philosophie naturelle. 31ᵉ édition.— 1 vol. in 18.

LES MONDES IMAGINAIRES ET LES MONDES RÉELS. Revue des Théories humaines sur les habitants des Astres, 20ᵉ édition. — 1 vol. in-18.

DIEU DANS LA NATURE, ou le Spiritualisme et le Matérialisme devant la science moderne. 21ᵉ édition. — 1 vol. in-18.

RÉCITS DE L'INFINI. — LUMEN. La Vie universelle et éternelle. — 1 vol. in-18.

LES DERNIERS JOURS D'UN PHILOSOPHE. Entretiens sur la Nature et sur les Sciences, de sir Humphry Davy. Traduit de l'anglais et annoté. — 1 vol. in-8.

MES VOYAGES AÉRIENS. Journal de bord de douze voyages en ballon, avec plans topographiques. — 1 vol. in-18.

CONTEMPLATIONS SCIENTIFIQUES. 2 vol. in-18.

HISTOIRE DU CIEL et des différents systèmes imaginés pour expliquer l'Univers. — 1 vol. in-8°.

LES MERVEILLES CÉLESTES. Lectures du soir. Un vol. in-18 illustré. 44ᵉ mille. — 1 vol. in-18.

PETITE ASTRONOMIE DESCRIPTIVE. 1 vol in-18.

L'ÉRUPTION DU KRAKATOA ET LES TREMBLEMENTS DE TERRE. 1 vol. in-18.

21381 — Imprimerie Lahure, 9, rue de Fleurus, à Paris